お金は「教養」で儲けなさい

加谷珪一

朝日文庫

本書は二〇一六年四月、小社より刊行された『お金持ちはなぜ、「教養」を必死に学ぶのか？』を改題し、加筆修正したものです。

□はじめに
お金持ちになるために、なぜ教養が必要なのか

「お金持ちになりたければ、徹底して教養を身につけなさい」

これが本書において、筆者がもっとも主張したいことです。

世の中には、「教養はお金とは無縁なもの」というイメージがあります。「教養など身につけても、何の役にも立たない」と考えている人が多いでしょうし、逆に、「純粋に知的なものでなければ教養と呼んではいけない」と堅苦しく考えている人もいることでしょう。

人によっては、「世界の知的エリートと対等に会話をするために、知識としての教養が必要だ」と考えているかもしれません。

しかし、本書の話はどれにも該当しません。

人間の生活は経済活動と切り離して考えることができないものです。

したがって、あらゆる分野において、間接的であれ、直接的であれ、お金の問題が

関係してきます。それは教養そのものにも影響してくることになります。

つまり、教養というものは、そもそも経済活動とは不可分の存在なのです。

歴史を紐解《ひもと》いても、教養が純粋に「教養」として存在し、お金の問題と切り離されていたことなど、ほとんどありません。

□教養に行動が結びつくとお金が生まれる

社会の時間に、スクールという言葉の語源は古代ギリシャ語のスコレー（暇）だと習った人も多いと思います。たしかに古代ギリシャの時代であれば、知的活動というのは、奴隷を自由に使える特権階級の人々が、暇を持て余して行うものだったのかもしれません。

しかし、中世から近代へと時代が移っていくと、お金のことを考えずに純粋に知的活動ができる人はほとんどいなくなってきます。つまり、教養そのものにも市場価値が出てくるわけです。

哲学者のニーチェ（1844〜1900）は、多くの本を執筆しましたが、あまり売れず、苦しい生活を余儀なくされました。晩年、とうとうニーチェは精神を病んでしまいますが、彼の面倒を見ていた妹のエリーザベトは、まとまった資金を得るため、出版社とかなり生々しい交渉をしています。

同じ哲学者でも、ヒューム（1711～1776）のように、大衆向けの分かりやすい書籍の執筆を心がけ、売れる本をたくさん出版することで大成功した人もいます。

本書で取り上げたサルトル（1905～1980）も、ベストセラーを連発し、一時は、自分がいくら稼いでいるのか計算できないほどの状況だったそうですが、そのお金は惜しみなく周囲の人にバラ撒いてしまい、晩年は貧困に近い状態で息を引き取りました。

少なくとも、昔はお金と無縁な教養があって、現在はそうしたものが存在しないというのは誤りだということが分かります。

お金を稼ぐという行為が、人間の活動の重要な一部となっている以上、知的活動の集大成である教養がお金の問題と切り離されているはずがないのです。

近年では、知的活動と経済活動がさらに近い関係となり、お金に結びつきやすい教養が増えてきています。本書でも取り上げた金融工学はその代表といってもよいでしょう。IT（情報技術）に関する教養に至っては、そのままビジネスモデルに直結する内容です。

本書では教養について**「物事の本質を見極めるための総合的な知識や考え方が、人格や行動に結びついたもの」**と定義しました。

重要なことは、「総合的な知識や考え方」が、「人格や行動に結びついている」ことです。単に狭い知識があるだけでは教養とは呼びません。幅広い知識が自身の言動に有機的に結びついて初めて教養に変わります。

したがって、何年に誰それという人が何主義という概念を提唱した、あるいは、何年に誰それが何を行った、という単純な事実の暗記については、本書ではあまり重視していません。暗記することは大事ですが、それは、知的活動をスムーズに行うための手段であって目的ではないからです。

機械的に暗記することばかりに注力してしまうと、覚えたことだけで満足してしまい、内容を深く考えないようになってしまいます。

また、アカデミズムの世界での学術的価値を追究するあまり、お金に結びつけることを低い卑しいものと決め付けてしまえば、せっかくの知見を経済活動に生かすこともできなくなってしまうでしょう。

事実、予算を減らされて研究費の捻出に苦しむ日本の大学教授と、私企業に積極的に研究成果を売り込み、特許などで巨万の富を得た米国の大学教授という対比はよく聞く話でもあります。

つまり教養には、「お金を生む教養」と「お金を殺す教養」の二種類が存在しているのです。

単純な知識ではなく、考え方やそれに基づく「行動」が大事だというのは、お金を稼ぐという行為をイメージしてみれば、よりはっきりしてくると思います。

□お金を稼ぐセンスは勉強できる

先ほど筆者は、お金を稼ぐという行為は、人間の活動の重要な一部であると述べましたが、そうであるならば、そこにはさまざまな要素が関係してくるはずです。

「どうすれば顧客は喜んでお金を払ってくれるのか？」という心理的な側面もありますし、「お金が儲かる仕組みをどう構築するのか？」という創造性に関する側面、「お金儲けはよいことか悪いことか？」という倫理的な側面、さらには「新しいテクノロジーをどのように応用するのか？」というイノベーションに関する側面など、例を挙げればキリがありません。

私たちは、営業ができる、お金儲けがうまい、といった能力について、勘がいい、センスがあると単純に言い切ってしまいますが、勘がいい、あるいはセンスがあるというのは、具体的にどんなことを指しているのでしょうか。

それは**相手を理解する能力や、個別の断片的な情報から全体像を組み立てる想像力、あるいは、背後で動いている法則を見極める分析力などを総合したもの**です。

しかも、個別の能力だけでなく、自分はどう行動すべきなのかという「信念」が加わらないと、こうした活動はうまくいきません。

筆者はジャーナリストとしてキャリアをスタートさせ、その後、投資ファンドで投資の仕事をした経験があり、職業柄、数多くの成功者から話を聞く機会に恵まれました。

インテル創業者の一人で半導体の発展理論「ムーアの法則」を提唱したことでも知られるゴードン・ムーア氏は、学術畑出身ということもありますが、大変な教養人でした。世界的なパソコン・メーカーであるデルを創業したマイケル・デル氏は、ムーア氏とタイプこそ違いますが、やはり相当な見識の持ち主です。

こうした世界的成功者ばかりでなく、日本における地方の企業オーナーや莫大な資産を作った個人投資家、スモールビジネスを軌道に乗せた実業家など、経済的・社会的に成功した人たちには、ある種の共通項があります。

それは**物事の本質をズバリと把握する力があり、それを現実の行動に反映できる**ということです。

経済的・社会的に成功する人は、細かい専門知識がなかったとしても、人はどうすれば喜ぶのか、新しい技術をビジネスにどう生かせるのかなど、本質的な部分を的確に理解し、現実の仕事に応用することができます。

IT企業の創業者は必ずしもITの専門家ではありません。それにもかかわらずIT業界で成功できるのは、ITが持つ本質を的確に理解できているからです。

営業が得意な人は、単にノリがよくて注文が取れているわけではありません。モノを売るという行為の本質を分かっており、それを現実の行動に反映させることによって、たくさんのモノを売ることができているわけです。

単純知識を積み上げただけでは、このような人にはとても太刀打ちできません。

□富裕層が子息にも熱心に磨かせる「武器」

人には持って生まれた能力というものがあり、本質を見極める能力を最初から備えている人もいます。いわゆる天才です。

本書で言うところの教養とは、こうした能力を天才でなくても身につけることができる有効な手段となります。そして一度手にした自身の富や影響力を長期にわたって維持していくための武器でもあり、それを習得すること自体が知的楽しみにもなります。

つまり教養というのは、成功者の一種の「たしなみ」であり、「特権」であるということになるでしょう。

筆者自身についていえば、投資ファンドを辞めた後、自身で事業を立ち上げ、贅沢をしなければ働かずに一生を過ごせる程度の資産は手にすることができました。

実際にやってみて分かったことですが、筆者にはビジネスや投資に関する天才的な能力はありませんでした。しかし、そんな筆者でも、それなりの成功を収めることができたのは、前述の成功者たちから、富を形成するための「教養」をうまく盗み学ぶことに成功したからです。

今年は何がブームになる、どの銘柄が上がるといった目先の情報は、それが世に出た瞬間に皆が模倣しますから、よほどの情報格差がない限り、大きな効果を発揮しません（金融理論ではこれを裁定取引と呼びます）。またこうしたトレンドは変化が早く、恒久的に使えるものではないことがほとんどです。

経済的・社会的に成功を収めるためには、こうした目先の情報ではなく、社会や経済を動かしている原理や法則を理解することの方がずっと重要です。

こうした知見があれば、目の前に現れたチャンスを逃すことなく、確実に富に変えることができるようになります。そして、これを何度か繰り返すことによって、特別な才能がない人でも、それなりの資産と社会的地位を確立することができ、長期にわたってその富と影響力を維持することが可能となるのです。

そして、お金持ちは自分の子息にもそうした教養を学べる環境を与えるための投資を惜しみません。さまざまな統計からも見てとれるように、富める家系はより富み、そうでない庶民との経済的な格差はますます開くのです。

お金持ちが必死に教養を学ぶ理由はそこにあります。

冒頭で筆者は、「教養など身につけても、何の役にも立たないと考えている人が多い」と書きました。もしそのような人が多数存在しているのであれば、それは教養を重視する人にとって大きなチャンスといってよいでしょう。

皆が目の前の情報やネットで調べれば分かるような知識の習得のみに奔走している間に、**本質的な教養を身につけることによって、成功する確率を一気に高めることができるからです。**本書はそのための手引き書と思ってください。

本書は全部で6つの章で構成されています。

第Ⅰ章は**社会学**的な教養についてまとめています。人は単独で生きることはできません。社会の枠組みの中でビジネスや投資も行われます。社会の仕組みを知っておくことは、成功のための最低条件といってよいでしょう。

第Ⅱ章は**経済学**に関する教養です。経済学的なモノの見方がビジネスや投資にどう役立つのかについて解説しました。アベノミクスの解釈についても、多くのヒントが得られるでしょう。

第Ⅲ章は**数学**の教養です。数学にアレルギー反応を持つ人は多いのですが、これは非常にもったいないことです。大事なのは数学ではなく、数学的センスです。これが身につけば、絶対的に有利な立場になれることは間違いありません。

第Ⅳ章は**情報工学**に関する教養です。数学的センスと同様、ITのセンスは現代のビジネスにとって不可欠なものとなっています。ITを知るためにプログラミングを学ぶ必要はありません。IT的なセンスを身につけることの方がずっと重要です。

第Ⅴ章は**哲学**に関する教養です。富は人とのコミュニケーションの結果として得られるものです。人を知らなければ、コミュニケーションはうまくいきません。人を知るためのヒントとして哲学はとても有益です。

最後の章は**歴史学**です。歴史は人間が形作るものですから、人々の行動の集大成ということになります。先を見通すためには、歴史を知るのがもっとも近道であり、そうであるからこそ、成功者は歴史を知ろうとします。

本書をよく読んでいただければ、今何に投資をすればよいか、どんな商品が流行るのかという目先の知識を仕入れるよりも、「教養」を身につける方が、ビジネスや投資で勝つ早道になるということを理解していただけると思います。

筆者

お金は「教養」で儲けなさい　目次

第I章

ゼロから資産家になるための社会学

SOCIOLOGY

第II章

世間に踊らされずに儲けるための経済学

ECONOMICS

第III章

数学

MATHEMATICS

お金の思考センスを身につけるための

第IV章

稼ぐ脳を加速するための情報工学

INFORMATION ENGINEERING

第V章

哲学 PHILOSOPHY

人間と儲けの構造を見抜くための

第VI章 富の大局と未来を見通すための歴史学 HISTORY

ブックデザイン：小口翔平＋岩永香穂（tobufune）
図版作成：谷口正孝

お金は「教養」で儲けなさい

第 I 章

ゼロから資産家になるための

社会学

SOCIOLOGY

L

お金持ちになれるのは誰だ

――プロテスタンティズムの倫理と資本主義の精神

人は単独ではお金を稼ぐことができません。経済活動というのは、人々のコミュニケーションの集大成ですから、その中で有利に振る舞うためには、社会の仕組みというものを知る必要があります。

具体的な成功方法を記したマニュアル本をうまく活用するためにも、その前提条件となっている社会全体の仕組みを知ることは非常に大事なことです。つまり、**社会学的な教養は、大きな資産を形成するための土台のようなもの**と考えてよいでしょう。

学術的な知識という形になっているのかはともかくとして、大きな資産を形成できる人は皆、社会について何らかの「基本観」を持っています。これがないと、状況が複雑になった時に対処できなくなってしまいます。

お金に関する社会学的教養として真っ先に思い浮かぶのは、やはり**マックス・ヴェ**

ーバー（1864〜1920）の知見でしょう。

□資本主義が抱える根本的矛盾にビジネスチャンスがある

彼のもっとも有名な著作である『プロテスタンティズムの倫理と資本主義の精神』は大学の講義でもよく取り上げられますから、ちょっとはかじったことがあるという人も少なくないはずです。題名が長いので、短縮して「プロ倫」などと呼ばれたりしています。

マックス・ヴェーバーは、プロイセン時代のドイツで活躍した社会学者で、資本主義の成り立ちに関する研究で卓越した成果を上げました。要するにどのような条件が整うと資本主義が発達しやすいのかという話です。

資本主義という言葉は、しばしば拝金主義と同一視されることがあります。資本主義社会は、皆がお金儲けに奔走しているような社会で発達しそうなイメージがありますが、実際はまったく正反対であるというのがヴェーバーの主張です。

ヴェーバーによると、金銭欲など、世俗的な欲求に対して寛容な地域（カトリック圏など）では資本主義があまり発達せず、むしろ、プロテスタントの影響が強く、禁欲的な風潮が強い地域(オランダや米国)の方が資本主義は発達しやすいそうです。つまり資本主義がうまく機能するためには「資本主義の精神」というメンタルな部分が重要であり、禁欲的な社会においてこそ、こうしたマインドが発揮されやすいというわけです。

ヴェーバーは、宗教改革の発端となったルターが打ち出した「天職」という概念や、同じく宗教改革で重要な役割を果たしたカルヴァンの「予定説」といった考え方が、資本主義の発達に大きな影響を与えたと主張します。

厳格なプロテスタントは自分の仕事を神から与えられた使命と感じ(天職)、禁欲的に一心不乱に仕事にまい進します。その結果、事業は成功し大きな富を得ることになります。しかし、**禁欲的なプロテスタントはそのお金で豪遊したりせず、さらに仕事にまい進するので、ますますお金持ちになる**というわけです。

カルヴァンは宗教改革の立役者として有名ですが、一般市民にも禁欲的な生活を強要したり、反対派を捕らえて火刑にしたりするなど、かなり非寛容で過激な人物でもあります。極端なまでの禁欲主義がむしろ資本主義の発達に寄与したという逆説を、ヴェーバーは浮き彫りにしたわけです(現在ではこの解釈には異論も出ていますが)。

□米国エリートは禁欲的ハードワーカー

先ほど、禁欲的な国として、筆者はオランダや米国を例に挙げたのですが、これについては多少の違和感を持った人がいるかもしれません。米国は堕落していると感じる日本人は少なくありませんし、米国人は見るからに陽気です。現代の米国はまさに人種のるつぼですから、それこそさまざまなタイプの人が生活しています。禁欲的な国だというイメージが湧かないのも当然かもしれません。

しかし米国は、禁酒法という世界でも希《まれ》な厳しい法律を通していた国ですし、今でもアルコールに関しては、下手をすると麻薬以上に厳格な社会です。

またエリート層にその傾向が顕著ですが、私たち日本人には想像もできないようなハードワーカーがゴロゴロいます。米国人と仕事をしたことがある人なら実感として理解できるかもしれませんが、彼等は平気で朝の6時や7時にアポイントを入れてきます。日本ではちょっと考えられない風潮といってよいでしょう。

またアメリカの国内線のファーストクラスなどに乗ると、ラウンジから機内に入り、そして離陸態勢に入って、客室乗務員から注意されるギリギリのタイミングまで、スマホを使って延々と部下に指示を出すビジネスマンによく出くわします。日本では、ビールを飲んで楽しそうに出張しているビジネスマンをよく見かけますが、米国ではあまり目にしません。こうしたところにも、彼等の禁欲的なマインドの一端を垣間見ることができます。

□使命感を持った人こそがケタ外れの資産家になれる

米国人の例からも分かるように、ヴェーバーの主張は、社会全体だけでなく、ある程度までなら個人の振る舞いに落とし込んで考えることが可能です。つまり、ちょっとしたお金儲けであれば、単純な金銭欲があれば実現できますが、それ以上の巨額の資産形成ということになると、むしろ禁欲的な振る舞いをする人物の方が有利になってくる可能性が高いのです。

実際、日本においても、巨額の資産形成に成功した人物は、苛烈なまでに、自分や他人に厳しく、禁欲的な人物が多いことに気付きます。またお金儲けに対する意欲の他にも、何かの使命感を持っているという特徴も顕著です。

「クロネコヤマト」で有名なヤマト運輸の故小倉昌男会長は、強固な信念で事業を拡大し、巨額の資産を形成した代表的な人物といってよいでしょう。

小倉氏が父親からヤマト運輸を引き継いだ時、同社はまだ小さな運送会社に過ぎませんでした。当時の運輸業界は、企業向けの大口配送サービスが中心ですから、家庭向けの宅配事業など誰も見向きもしません。小倉氏はここにビジネスチャンスを見出し、宅配事業に乗り出すわけですが、社内からは「うまくいくわけがない」という反対の声ばかりだったそうです。

小倉氏は、社内の反対の声を押し切り、宅配事業を進めていくのですが、その原動力になったのは、成功すれば大きな富が得られるという金銭欲ではなく、むしろ使命感だったと考えた方がよいでしょう。

もちろん小倉氏は実業家ですから、宅配事業がうまくいけば、会社には大きな利益がもたらされるという算段は持っていたはずです。しかし、参入を決断する原動力となったのは、宅配サービスがなくて困っている人がいるのだから、ニーズに合致したサービスを提供すれば必ず受け入れられるはずだという信念です。

小倉氏はその後、郵便事業への進出をめぐって政府と激しく対立することになりますが、政府を相手に一歩も引かない姿勢を貫きました。これも、ビジネスからというよりも、使命感を強く感じさせる出来事の一つといってよいでしょう。

このほか、ソフトバンクの孫正義氏やユニクロの柳井正氏、日本電産の永守重信氏などにも、似たような一種苛烈な使命感があります。三人とも毀誉褒貶《きよほうへん》が激しい人物ではありますが、社会からの批判に一切動じないというのは、やはり基礎に大きな信念が存在しているからでしょう。

LEARNING

［カトリックとプロテスタント］

カトリックは、ローマ帝国の東西分裂後、西ローマ帝国を中心に発展した世界最大のキリスト教会。カトリックの旧態依然とした体制に反発し、16世紀の宗教改革をきっかけにカトリックから分離したのがプロテスタント。

L 資産家はなぜ友人を選ぶのか

――ゲマインシャフトとゲゼルシャフト

先ほど取り上げたマックス・ヴェーバーはドイツ人ですが、ドイツは社会学が非常に発達した地域です。このため、社会学のキーワードにはしばしばドイツ語が登場します。ここでは、**ゲマインシャフトとゲゼルシャフト**というキーワードを取り上げてみたいと思います。このキーワードも、資産形成を考える上では非常に重要な概念といってよいものです。

□お金を稼げるコミュニティ　稼げないコミュニティ

世の中には、お金を稼ぎやすいコミュニティと、お金を稼ぎにくいコミュニティの二つが存在しています。

経済的に成功した人の多くが、「成功者と付き合え」「ムダな人付き合いを清算しろ」といった教訓を語っています。つまり経済的に成功しやすいコミュニティというものがあり、そこに属している方が自分自身も成功しやすいという理屈です。

この話は、直感的には理解しやすいものですが、なぜそうなってしまうのかということを問われると案外説明に窮してしまいます。こうした仕組みについて、理解するヒントを与えてくれるのが、ゲマインシャフトとゲゼルシャフトという社会学的な概念です。

ゲマインシャフトとゲゼルシャフトは、ドイツの社会学者である**テンニース**（1855〜1936）が提唱したもので、人がどのような形で社会を構成するのかという観点で集団を分類したものです。

ゲマインシャフトは、一般に共同体組織と呼ばれ、地縁血縁や人間関係によって自然に結びついた集団のことを指します。日本の、いわゆる農村型ムラ社会は典型的なゲマインシャフトとみなすことができます。

一方、ゲゼルシャフトは、これとは正反対の組織になります。ある目的を持って合理的に、人為的に作られたものを指します。株式会社などの営利企業はここに分類されることになります。

ゲゼルシャフト（合理的組織）		ゲマインシャフト（共同体組織）
目的を持って契約で成立	成立要因	地縁血縁や人間関係で成立
株式会社などの営利企業	組織・集団	農村型ムラ社会・家族的経営の企業
明確な役割分担、個よりも全体の利益を重視した合理性	意思決定	構成員の感情や人間関係を尊重した意思決定
契約・規定に従う、フラットな能力主義	規律	コンセンサス重視、上下関係や不平等
大規模な事業に有利で構成員も富を得やすい	経済面	情報の少ない中世で成り立ったもので経済的には不利

組織・集団の分類

ゲマインシャフトは、自然発生的なものですから、組織の意思決定もあまり合理的には行われません。構成員の感情や人間関係が優先されますから、不満ができるだけ少なくなるよう調整する必要があるわけです。場合によっては、全体としては不利益であっても、皆が納得出来る形で意思決定が行われます。日本社会における「和の精神」はまさにゲマインシャフト的な意思決定方法の代表といってよいでしょう。

一方、ゲゼルシャフトにおける意思決定はまったく異なります。ゲゼルシャフトの集団では、契約関係や合理性が重視されます。組織の中で明確に役割分担が成立し、その役割に応じて、適切に対価が支払われます。組織の中のルールがしっかりと決められますから、仮に不満を持つ人がいても、全体の利益が大きいと判断されれば、全体の利益の方が優先される結果となります。

□合理主義的な組織が幸せとは限らない

ゲマインシャフトとゲゼルシャフトは、それぞれ長所と短所があります。

ゲマインシャフトでは、人々の感情が最優先ですから、温かい人間関係を維持しやすいという特徴があります。また濃密な人間関係がありますから、疎外感を味わうことはありません。地域のムラ社会や親戚付き合いを想像してもらえば分かりやすいですが、皆が不平不満を言いながらも、その関係性を保っています。

しかしこうした濃密な人間関係は時として、暴力的な支配を誘発します。

コンセンサスは重視されますが、価値観の多様性は認められませんから、場合によっては村八分などが起こってしまいます。また力を背景にした上下関係が成立しやすく、平等な社会が維持できていないことがほとんどです。

一方のゲゼルシャフトにはこうした問題は発生しません。メンバーの権利や義務はあらかじめ契約として担保されています。これを破った人は、たとえ地位の高い人でもペナルティが科されます。

また地位が高い低いというのも、あくまで役職として規定されているだけで本質的にエライ人がいるわけではありません。社長はあくまで「社長」という役割と権限があるので社員に指示できるだけです。つまり、ゲゼルシャフトでは、本人に能力さえあれば、契約に基づいてその能力を最大限発揮できることになります。

しかし、こうしたドライで合理的な組織の構成員であることが幸せなのかというと、必ずしもそうとは言い切れない面があります。

不当な差別や弾圧はありませんが、各人は自分の機能を果たすだけで、他人との情緒的なやり取りは期待できません。中には「自分は何のために働いているのか」という疑問を持ったり、もう少し他人と濃密な関係を構築したいと考えたりする人も出てきます。高度に合理化された組織は必ずしも十分な精神的満足をもたらさない可能性があるわけです。

一般的に企業社会というのは、合理主義に基づいたゲゼルシャフトであるとされていますが、現実は必ずしもそうではありません。特に日本のサラリーマン社会がそうなのですが、疑似家族であったり、疑似農村共同体であったりします。先輩後輩の関係（年次）が絶対視されたり、対価とは関係のない労働（いわゆるサビ残、付き合いの飲み会）が存在したり、根性といった精神論が重視されたりしています。中には「社員は家族だ」と公言する会社もあります。つまり、会社という利益組織でありながら、ゲマインシャフト的な組織形態になっているところが多いのです。

言ってみれば、一つの日本社会の中に、ゲマインシャフトとゲゼルシャフトが混在しているわけですが、実は、二つの社会が混在しているということが、経済的に大きな問題を引き起こすことになります。

□中世社会と近代社会は天と地ほど違う

もし世の中にテクノロジーが発達しておらず、移動や通信手段に制限があれば、すべての集団がゲマインシャフトとなるでしょう。移動や情報伝達に制限がありますから、人はもともと属していた地域での生活を受け入れるしかないからです。

こうした生活は世界史の中では「中世」的なものとして位置付けられます。学校の歴史の授業は基本的に暗記がベースになるので、あまり歴史の意味について考える機会がありません。このため多くの人が意識しないままに通り過ぎてしまうのですが、世界史の分野では「中世」と「近代（モダン）」には、決定的に大きなカベが存在すると考えます。

中世と近代ではまったく社会のあり方が異なり、すべての枠組みが変わります。民主主義や資本主義、国民国家、主権、人権といった、現代のスタンダードとなっている思想や概念、価値観のほとんどは、近代化によって誕生してきたものです。

中世から近代への移行は、精神的な部分によるものも大きいのですが、やはりイノベーションが果たした役割を無視することはできません。イノベーションによって生活スタイルが変わり、これが精神にも決定的な影響を与えるのです（精神が先か、物質が先かという論争は実は哲学におけるもっとも重要なテーマの一つなのですが、この件については後ほど解説します）。

言いかえると、イノベーションが起こることで、人には選択の余地が生まれ、合理主義を追求することができるようになるということです。

ゲマインシャフトとゲゼルシャフトを比較した場合、大規模な事業を実施するにあたってゲゼルシャフトが有利であることは、言うまでもありません。グローバル企業の多くは、究極的なまでにゲゼルシャフトになっており、性別や人種、年齢などに関係なく、それぞれの能力に応じた処遇と報酬が決定されます。

当然、経営判断も合理的になりますから、このような組織には大きな富がもたらされ、その構成員に対する報酬も大きなものとなるわけです。

中世社会のように、世の中すべてがゲマインシャフトだったり、逆に全員がゲゼルシャフトに所属する社会であれば（北欧などはそれに近いかもしれません）大きな問題は発生しないでしょう。しかし一つの国の中で二つの社会が混在してしまうと、そこには大きな富の偏在が発生する可能性が出てきます。

ゲマインシャフトは、集団の利益よりもメンバーの感情が優先されます。一方、ゲゼルシャフトの組織は、ドライにそして合理的に意思決定を行い、ビジネスを進めていきます。当然のことながら、富の多くはゲゼルシャフト側に流れてしまうでしょう。

成功者の多くが「成功者と付き合え」「ムダな付き合いをやめろ」と言っているのは、このことを指しているのです。つまりゲゼルシャフトに属していないと、富は得られないという理屈なのです。

□お金持ちになれる人は選択の余地がないことを知っている

ここで重要なのは、テクノロジーが発達した現代社会では、ゲゼルシャフトの拡大を止めることができないという事実です。

典型的なゲマインシャフトの社会であった江戸時代、日本の人口は3000万人以下と、現在の4分の1しかなく、平均寿命も45歳程度でした。一家が養える人数にも限度がありましたから、農家の次男坊などは商家に丁稚《でっち》奉公《ぼうこう》に出されるのが常でした。こうした下働きの人たちは、狭い家で集団生活を行ったので、ひとたびインフルエンザなどの感染症が発生すると全員が死亡することも珍しくなかったそうです。つまり江戸時代は、今と比較すると悲惨なまでに貧しく、非衛生的な社会だったことになります。合理的でドライな社会に多少の不満があったとしても、多くの人にとって、健康な体で、長生きできる今の時代の方がよいに決まっています。つまり社会全体としては、ゲゼルシャフトへのシフトが進んでしまうわけです。

そうなってくると、ゲマインシャフト的な雰囲気を残した組織は、非常に中途半端な存在ということになってしまい、相対的に不利になるのは確実です。

私たちは、ゲゼルシャフトへの移行は避けられないことを認識し、その中で、ゲゼルシャフトが持つ欠点を克服する努力をしなければなりません。これができるかどうかが、経済的に豊かになれるかどうかの分かれ道でもあります。

現代の資本主義社会で成功するためには、ゲゼルシャフトに基軸を置きつつ、必要に応じてゲマインシャフト的な取り組みを実施するという柔軟性が必要となります。経済的・社会的な成功者は、無意識的にそれが実行できているのです。

LEARNING

［近代国家］

中世の封建国家が崩壊した後に成立した、領土・主権・国民が明確となった国家のこと。中世の時代は、国王と地域領主、領主と家臣がそれぞれ主従関係を結ぶという形態が一般的であり、統一された領土や国民という概念は存在しなかった。

L

支配のメカニズムを知らないと成功できない

——支配の正当性

先ほど解説したゲマインシャフトとゲゼルシャフトの混在がもっとも悪い形で顕在化したのが、最近よく問題となるブラック企業ということになるでしょう。

ブラック企業ほどひどくはなくても、カイシャの掟《おきて》にがんじがらめになっているサラリーマンは少なくありません。このような状態からは一刻も早く脱却しないと、経済的に豊かになることは不可能です。人や組織はなぜこのように容易に人々を支配できてしまうのか、そのメカニズムを知っておくことは、非常に大事なことです。

ブラック企業では、辞めようとする社員を脅迫したり、場合によっては実際に暴力を振るうというケースもあるようです。しかしこうした組織は、暴力だけで統率がとれているわけではありません。そこにはもう少し巧妙な仕掛けがあり、それと暴力が融合することで、たくみに社員をコントロールしているのです。

□支配には「仕組み」がある

冒頭で取り上げたマックス・ヴェーバーは、人や組織が人々を支配する構造についても卓越した研究を行いました。ヴェーバーによると、安定した支配を実現するためには、**①伝統的支配、②カリスマ的支配、③合法的支配**のいずれかの形態が必要となるそうです。逆に言えば、これらのうちいずれかの条件を満たしていれば、人は容易に、自ら進んで組織に服従するということになります。

伝統的支配は、昔から存在する秩序やしきたり、支配者の権威などによって実現する支配の形態です。日本社会には、今でもこうした伝統的支配の形態があちこちに見られます。会社の社長は、組織の意思決定、指揮命令系統のトップに立つ人というイメージよりも、エライ人というイメージの方が強いはずです。日本の会社では、上司の指示をどれだけ着実に実行し、成果を上げたのかということよりも、上司に対して頭を下げ、服従の態度を示したかどうかの方が重要視されることも少なくありません。

また、何の役に立っているのか誰も説明できないのに、昔から続く仕事の進め方が絶対視されていることも珍しくありません。日本企業ではＩＴを導入しても、古い仕事のやり方にシステムを合わせて改修してしまうため、なかなか合理化が進まないというケースが散見されます。こうした風潮が秩序の形成に役立っているのは事実ですから、まさにこれは伝統的支配といってよいでしょう。

これに対してカリスマ的支配と合法的支配はかなり様子が異なります。カリスマ的支配は、卓越した能力を持った一人の人物が、周囲から圧倒的な支持を集め、それを根拠に独裁的に支配する形態のことを指します。いわゆるカリスマ経営者と呼ばれる人が経営する企業は、多かれ少なかれ、カリスマ的支配となります。カリスマが決めたことは絶対ですから、カリスマ的な指導者の判断が正しければ、その組織は卓越した成果を上げることができます。一方、カリスマの判断が鈍ってしまうと、その組織は瓦解《がかい》してしまうことになるでしょう。

合法的支配とはその名の通り、法やルールといった合理的な正当性に皆が従っている組織です。グローバル企業は合法的な支配が徹底されていることがほとんどです。私たち人間には、感情というものがありますから、すべてを合理的に割り切ることができません。伝統的な支配に自ら服従してしまうこともあれば、カリスマ的人物に惹かれ、言うことを全部聞いてしまうということもあるわけです。

□「支配」にとらわれない人ほど成功しやすい

しかし経済的に成功しようと思った場合には、こうした支配からはできるだけ自由になっておく必要があります。基本的には**合法的な支配しか受け入れないという人ほど経済的に成功しやすい**と考えてよいでしょう。

最近はネット上のビジネスインフラが整ってきていることから、副業をするビジネスマンが増えてきています。何か大きなことを実現するには、それなりの元手が必要ですから、収入源を複数確保しておくというのは正しい選択です。しかし、今、自分が勤めている会社との関係で副業を躊躇《ちゅうちょ》しているという人も少なくないでしょう。ここで重要となってくるのが、躊躇している理由です。

同じ副業に対する制限といっても、明確に労働契約で禁止されているので副業ができないのと、単に会社に対して後ろめたいから副業ができないのとでは状況がまるで違います。会社によっては、就業規則で明確に副業を禁止しているところもありますが、このあたりは曖昧になっているところも少なくありません。ここで明確に労働契約によって禁止されているので副業しないという場合、あなたは合法的な支配を受け入れているということになります。一方、労働契約上は明確ではないが、何となく後ろめたいので副業ができない、ということであれば、それは合法的支配ではなく、伝統的支配を受け入れているということに他なりません。

合法的支配のみを受け入れる人であれば、労働契約上、副業は大丈夫なのか会社に対して確認するはずです。会社によっては（特に伝統的支配に基づく会社では）、表面的には禁止されていなくても、実際にそれを行うと制裁されるというケースも少なくありません。慎重な人は、そのあたりも見越して、情報収集をしっかりと行うでしょう。もし何となく後ろめたいので、行動に移せなかったという人は、ビジネススキルよりも、マインドの方に問題があります。もし本気で、経済的に成功したいと思っているのであれば、このあたりから変えていく必要がありそうです。

□実業家はカリスマ的支配を利用している

もう一歩先を行っている人であれば、自分がリーダーになった時、人をどのように使うのかについて考えているかもしれません。その場合には、支配の正当性を逆に利用することになります。

お金持ちの人の周囲にはなぜか多くの人が集まっています。その中には、お金持ちの人から何かを奢《おご》ってもらうために近づいている人もいるかもしれませんが、全員がそうではありません。お金持ちの人が持つ独特のオーラに周囲の人が魅力を感じているという側面があることは否定できないのです。つまりお金持ちには、ある種のカリスマ的要素が存在していることになります。

資産家は、自身が持つこうしたカリスマ的要素をよく自覚しており、意図的にそれを演出している人もいます。わざわざ目立つようにブランド物の時計などをしているのもこうした理由からです（このメカニズムも後述します）。

こうしたカリスマ的な演出は当然、企業経営にも生かすことが可能です。企業もある程度の大きさになるまでは、創業者のカリスマ性によって引っ張っていくのがもっとも効率の良い方法なのです。したがって急成長するベンチャーの多くはカリスマ的支配となっています。

もともとカリスマ性のある人もいますが、カリスマ性をあえて演出する起業家も少なくありません。その方が組織を容易にコントロールできるからです。そう考えると、カリスマというのも一つの機能でしかないことがよく分かると思います。

L

稼ぎたければ大衆社会を徹底的に理解せよ

——オルテガ・イ・ガセット　大衆の反逆

お金を稼ぐという行為には二つの種類があります。一つは、社会に役立つものを提供し、対価を多くの人から獲得すること。もう一つは、他人が持っている富を自分のものにすることです。

世の中に役に立つモノを提供できないと大きなお金は稼ぐことができませんが、一方で、ビジネスというのは取るか取られるかの争奪戦であることも事実です。お金儲けの世界には、どうしてもこの両面性が存在するのです。

他人が持っているお金を自分のものにする最良の方法は、不特定多数から、少しずつお金を取ることができるビジネスを作り出すことでしょう。1クリック何十円というネット広告からごくわずかの報酬を得て、それを何兆円もの売上高にしているグーグルはその究極的な存在といってよいでしょう。

こうした事業で成功する人は、大衆をどうコントロールすればよいのかについて、豊富な知見を持っています。経済的に成功するためには、自身が大衆にならないことはもちろんのことですが、その大衆についてよく知っておく必要があるはずです。

□お金儲けとは「大衆」との戦いである

スペインの哲学者である**オルテガ・イ・ガセット**（1883～1955）は、大衆というものが何を考え、どのように行動するのかについて、批判的に分析したことで知られています。事業で成功した人が、皆、オルテガを読んでいるわけではないでしょうが、そこで展開されている論旨は、自然に身につけているはずです。

オルテガの著作でもっとも有名なのは『大衆の反逆』でしょう。大衆という言葉はかなり曖昧で、私たちも日常的にその厳密な意味を考えずに使っています。しかし世の中の現象を的確に理解するためには、言葉の定義を厳密にする必要があります。

オルテガによると、**大衆とは「ただ欲求のみを持っており、自分には権利だけがあると考え、義務を負っているとは考えもしない」人のこと**を指しています。大衆というキーワードからは、純粋に所得が高い人と低い人、社会的地位が高い人と低い人という区分けが思い浮かびますが、オルテガが定義している大衆は、こうした単純なイメージとは少し異なっているようです。

これについては、オルテガが著書の中で厳しく批判している対象が誰なのかという点からも窺《うかが》い知ることができます。

オルテガはいわゆる一般大衆的な人々についても批判的に論じていますが、それ以上に批判の矛先を向けているのが、近代化に伴って台頭してきた専門家層の人たちです。今風の言葉でいえば、いわゆる専門バカな人たちのことを指していると考えればよいでしょう。

彼等は高い教育を受けていますが、「特定分野のことしか知らないにもかかわらず、自身のことを知識人だと思い込んでいる野蛮人だ」とオルテガはこっぴどく批判しています。学歴や出身に関係なく、こうした大衆的な人物が増えてきていることで、社会は大衆の論理を中心に動き始めているというわけです。

□教養と学歴は関係しない

似たような考え方に、日本のジャーナリストである**大宅壮一**（1900〜1970）が生み出した「**一億総白痴化**」というものがあります。哲学者のニーチェが提唱した「畜群」という概念にも近いものがあるかもしれません。

白痴化という言葉は、今となっては適切な表現ではないのですが、マスメディア（特にテレビ）の普及が進むことで物事を深く考えなくなる人が増えてくることを危惧した言葉です。実際、マスメディアがもたらした影響は大きく、それはあらゆる階層の人に及んでいます。

先日、ある著名な人物が「有能な経営者は皆、ネアカである」と発言をしていました。60代から70代に顕著なのですが、この世代の中には、かなりの割合で「ネアカ」という言葉を使う人がいます。これは上場企業トップなど、いわゆる社会的エリート層にも共通の現象です。

同じような言葉に「中国4000年の歴史」というものがあります。中国が歴史のある国ということを示す枕詞《まくらことば》のようなキーワードですが、実は、この二つはマスメディアが生み出した単なる流行語に過ぎません。

ネアカというのは性格が明るいという意味で、1980年代にタレントのタモリが若者向けに普及させた俗語（スラング）です。また、中国4000年の歴史は、あるインスタント食品のテレビコマーシャルで使われたキャッチコピーです。中国最初の王朝である「殷《いん》」は紀元前1000年代ですし、伝説の王朝といわれている「夏」でようやく紀元前2000年となります。夏王朝は実在するという説もありますが、4000年と簡単に言い切るのは少々安易でしょう。

スラングを用いることそのものは何の問題もありません。筆者も私生活ではスラングを多用している方です。しかし問題なのは、スラングを使っているエリート自身がその自覚を持っていないことです。ネアカを連発する著名な経済人は、自身は知的エリートであり、正しい日本語を使っていると考えているようで、同じ文脈で、最近の若い人の言葉の乱れや知的探究心の低下を批判しています。残念ながらこの経済人こそが大衆だったわけです。

こうした小さな無知が積み重なることで、最終的には真実とはまったく異なった認識や考えが出来上がってしまう可能性は否定できません。オルテガや大宅壮一はこうした事態を危惧していたのかもしれません。

□ネットの普及で大衆化はさらに加速

大衆化の波は、テレビに加えてネットという媒体が出てきたことでさらに加速しています。こうしたネット大衆社会の現状を、皮肉っぽく描き出したのが、**中川淳一郎**氏のベストセラー『ウェブはバカと暇人のもの』（光文社新書、２００９年）です。

中川氏はウェブ媒体の編集者としての経験から、ネットには意見の多様性など存在せず、話題の多くはテレビの情報がもとになっていることを淡々と論じていきます。中川氏は、いわゆるＢ層（ポピュリズムに騙されやすい層）に属する人たちに焦点を当てて議論を進めていきますが、こうした現象は、この層に限ったことではありません。最近では、いわゆる「意識高い系」の人向けのコンテンツやコミュニティのサービスが増えていますが、彼等にも同様の傾向が見られます。すべてがそうではありませんが、彼等が議論において重視しているのは「誰が言ったのか」であって、「何を言っているのか」ではありません。特定の知識人の話を過剰に肯定し、ＳＮＳなどで拡散させている様子は滑稽ですらあります。意識高い系の人の何割かは、オルテガが言うところの知性を持った野蛮人に該当するのかもしれません。

こうした大衆社会と向き合う方法は三つしかありません。

一つは、自らも大衆として振る舞い、消費社会を謳歌《おうか》するという方法。もう一つは、大衆社会を批判的に捉え、知性の復活を望むというスタンスです。そして最後は、**大**

衆化は避けられないものとして、これをビジネスにどう生かすのかについて考えるというものです。

オルテガは大衆社会を批判的に論じ、知性の復活を望んでいたわけですが、現実問題として、こうした大衆化の流れは、おそらく止めることができません。先ほどのゲゼルシャフトの議論と同様、テクノロジーの進化が続く限り、大衆化もさらに加速しそうな勢いです。

そうなってくると、大衆社会とは精神的に距離を置きつつ、その中でどのように経済活動を行うのかという冷めた視点が重要となってきます。

ちなみに、中川氏は編集者だった頃、ルーチンワークのようにネット上で流行るキーワードを列挙し、その条件に合う記事を量産してPV（ページビュー）を稼いでいたそうです。

ここまでシニカルになる必要はないかもしれませんが、これからの時代、大衆社会と正面から向き合うことができなければ、大きな利益を得るのは難しそうです。

L 頭のいい人は、変化をどう予測し、見誤るのか

——社会の発展段階説とイノベーション

ネットの普及で大衆化がさらに加速しているように、社会というものは常に変化しています。ビジネスや投資で大きな成功を収める人は、変化への対応力が高いと考えられます。実際、大きな富を得た人の多くが、時代の変化をうまくキャッチし、先行者利益を得るという形で資産形成をしています（ネット起業家などはその典型でしょう）。

一方、人間の振る舞いや行動は、いつの時代も変わらないという考え方もあります。どの時代にも通用するビジネスの方が確実に利益を上げられると解釈することもできるわけです。

著名な投資家であるウォーレン・バフェット氏は、どんな時代でも確実に利益を上げられるビジネスが究極のビジネスと考えています。そして、その条件に合致する銘柄は、永久保有銘柄として、期限を設けずに保有するという方針を掲げました。具体

的には、コカコーラやジレット（現P＆G傘下）などが該当するそうです。

□発展段階説を使って将来を予測する

変化はあらゆる人にとって大きな関心事ですから、変化に関する議論は以前から活発に行われています。変化の捉え方としてもっともポピュラーなのは、社会は段階を経て、発展的に進んでいくという「**発展段階説**」的な考え方です。

発展段階説はあらゆる分野で見られる概念です。

フランスの社会学者**コント**（1798〜1857）は、人間の精神は、神学的段階、形而上学的段階、科学的（実証的）段階という、3ステップで進化すると主張しました。同じように人間社会も、軍事的、法律的、産業的と、段階的に進みます。

確かに、太古には、呪術師のような人がいて、お告げで物事が決まってしまう社会だったかもしれません（シャーマニズム）。その後、どうあるべきかという哲学的な議論が出てきて、最終的には科学的に物事が決まるというのは、スッキリする考え方です。

政治の世界でも、暴力が支配するものから、法律が重視されるようになり、やがては産業的な効率性が重視されるようになってくるというストーリーは、非常に馴染みやすいでしょう。今の時代はまさに産業社会ですから、政治の世界もかなりの部分が産業的なルールで動いています。

本章でも取り上げた、ゲマインシャフトからゲゼルシャフトへの移行も発展段階説的な考え方がベースになっていますし、マルクス主義もやはり発展段階説的な思想といってよいでしょう。

□投資家は「創造的破壊」がお好き

米国の経済学者である**ロストウ**（1916～2003）は経済学の分野で発展段階説を提唱し、各国の経済政策に大きな影響を与えました。ジャーナリズムの世界でも、**トフラー**（1928～2016）が同様の世界観を披露しています。1980年に出版され、世界的なベストセラーとなった『第三の波』では、社会は農業、工業、脱工業という三つの波によって発展すると主張しています。

ビジネスマンのプレゼンを見ても、ネット第一世代、ネット第二世代といったように、知らず知らずのうちに発展段階説的な考え方を使っている人も少なくありません。

社会が段階的に発展するという考え方はかなり普遍的なものと思われます。

発展段階説と密接に関係するのが、**イノベーション**です。

イノベーションは、オーストリアの経済学者**シュンペーター**（1883〜1950）によって提唱された概念です。

ビジネスや組織において変化が起こり、それがあらたな価値を生み出すことをイノベーションと呼びます。イノベーションというとテクノロジーのことを思い浮かべる人も多いと思いますが、イノベーションはテクノロジーに限定される概念ではありません。新しい組織のあり方や販売方法など、これまでにないやり方や新しい価値を生み出せれば、すべてイノベーションと呼びます。シュンペーターは、イノベーションこそが社会の原動力であり、それによって経済は発展していくと主張しています。

発展段階説やイノベーション論に基づいてある仮説を立て、次にどんな変化が訪れるのかを予測するというのは、先を見通す方法としては非常に明快です。変化を先取りしようとする企業や投資家がこの方法を好むのは当然の結果といえるでしょう。多くのビジネスマンやコンサルタントが、シュンペーターの提唱した「創造的破壊」という言葉を好んで使っているのもこうした理由からです。

LEARNING

［ウォルト・ロストウ］
米国の経済学者。早熟でエール大学にわずか15歳で入学した。経済学の世界に発展段階説を導入。伝統的な社会も、ある地点から飛行機が離陸するように急速に発展するというテイク・オフ（離陸）理論を提唱した。

□人間はそれほど賢くない

しかし、誰にも受け入れやすい、こうした思考法には思いがけない欠点が潜んでいる可能性があります。社会や技術が発展的に進むのであれば、人はそれを予測し、最適に振る舞うことができるはずだという仮説が成り立ちます。コンピュータを使ったシミュレーション技術はまさにその典型なのですが、こうした合理的な意思決定手法は、時としてとんでもない間違いを犯してしまいます。

米国では、戦後、数理的な手法をフル活用したシミュレーション技術が発達し、企業経営や政策にも応用しようという動きが活発になってきました。

大手自動車メーカーであるフォードの社長に就任したマクナマラ氏は、統計学を駆使した現代的手法で苦境に陥っていたフォードの経営を立て直し、一躍有名になりました。マクナマラ氏はその実績を買われ、ケネディ政権の国防長官に就任します。ケネディ政権は、マクナマラ氏のような、合理的知性が最善の結果をもたらすと考え、スーパー・エリートを幹部として多数登用、科学的な手法で政策を立案するというアプローチを採用しました。

先ほどのロストウも、ケネディの選挙参謀として政策立案に深く関わり、その後、ケネディの死去によって大統領に昇格したジョンソンのもとで補佐官を務めています。彼等は、米国最高の知性という意味で「ベスト・アンド・ブライテスト」と呼ばれていました。

LEARNING

［アルビン・トフラー］
米国の評論家。未来学者と呼ばれることもある。ニューヨーク大学を卒業後、現場を知るために工場労働者として働き、その後、フォーチュン誌のコラムニスト、コンサルタントを経て評論家となった。主な著作は『第三の波』『パワーシフト』。

しかし、ベスト・アンド・ブライテストたちが、最高の知性をもとに、科学的な手法を駆使して政策を立案した結果は、何と泥沼のベトナム戦争でした。

このベスト・アンド・ブライテストという言葉は、米国のジャーナリストである**ハルバースタム**（1934～2007）が執筆した同名の著作に由来しています。ハルバースタムは、著作の中で、最高に聡明であるはずの人々が、知性に溺れ、正しい決断ができなくなる過程を鮮烈に描き出しています。最高に聡明であるという言葉は、皮肉で使われているわけです。

ちなみにイノベーションを提唱したシュンペーターは意外な将来予想をしています。イノベーションが活発になってくると、イノベーションそのものも方法論として定着し、やがては、それが日常的なものになってしまうと言うのです。その結果、**社会の活力は失われ、すべてが官僚主義的になり、最終的には社会主義的な体制になってしまうだろう**と予測しています。イノベーションの未来は、実は暗いというのが少々皮肉なところです。

それはともかく、発展段階説に代表されるような、一見、綺麗に見える合理的な思考法には、落とし穴もあるということを理解しておくべきでしょう。

LEARNING

［ベトナム戦争］
ベトナムの支配権をめぐる米国と旧ソ連の代理戦争。当初は米国の支援を受ける南ベトナム政府と、ソ連の支援を受けるベトコン（南ベトナム解放民族戦線）の内戦だったが、1965年の北爆をきっかけに米国が直接介入するようになった。

CULTURES OF CHAPTER

I

■自己管理能力と使命感のない人には、大きな富は転がり込まない

■年収を上げたかったら、合理的な意思決定がされる組織・集団に属せ

■支配に多くしばられる人は稼げない。支配を利用する人は多くの富を得る

■自らが大衆にならず、彼らをバカにせず、どう活かすかを考える

■発展段階説やイノベーションにも限界があることを知っておく

第 II 章

世間に踊らされずに儲けるための経済学

ECONOMICS

L

「経済学」はなぜ、アテにならないのか

――ケインズ経済・古典派経済・マルクス経済

経済学ほど世間一般から厳しい批判を受ける学問分野はないかもしれません。物理学や文化人類学の世界でどのような議論が行われているのか、ほとんどの人は知りませんし、あまり興味を持ちません。

しかし経済学の分野だけはまったく状況が異なります。経済学の学説や理論は、日常的にマスメディアで取り上げられ、さまざまな人が、それに対して意見を述べています。ひと昔前は、財政出動を基本とするケインズ経済学の是非が、マスメディアにおける一大論争となっていましたし、現在では量的緩和策が同じような扱い（いわゆるリフレ派と反リフレ派の論争）になっています。

経済学がこれほどまでに一般社会で議論の対象となるのは、それが私たちの生活、特にお金の問題と大きく関係しているからでしょう。

□経済学は純粋な学問ではない?

経済政策は、多くの政権にとって最重要課題の一つです。景気がよく株価が上昇していると、選挙で有利になるというのは事実ですから、政治家は何とか景気をよくしようと必死になります。その結果、政治家は経済に関するアピールをする機会が多くなりますし、それに伴って、経済に関する話題をマスメディアが取り上げる頻度も高くなります。これによって、多くの国民が、経済学に関する情報を目にすることになるわけです。

政治家は経済学の学説を引用して「こうすれば景気はよくなります」と言い切ってしまいますから、国民の中には経済政策に対して過大な期待を持つ人も出てきます。しかし後述するように、確実に景気をよくするための経済理論というものは存在していません。**あくまで「こうすればよくなる可能性がある」といったレベルにとどまりますから、経済政策が100%効果を発揮するとは限らないわけです。**

結果的に経済政策がうまくいかないことも多く、そうなってしまうと、国民の期待は失望に、そして最終的には批判に変わることになります。経済学などアテにならないという批判はこうした形で醸成されてくると考えられます。

しかしながら、経済学は一方的に不当な評価を与えられている被害者なのかというと必ずしもそうではありません。経済学を専門とする人の言動にも責任の一部がある可能性を否定できないからです。

先ほども言ったように、経済学において100%成功する方法というものは存在しません。しかし、政治家はその立場上、できるだけ国民にアピールしたいと考えますから、どうしても断定的な言い方になってしまいます。

経済学者やエコノミストなど、経済の専門家は、専門的見地に立って冷静に見解を述べるのが本来の仕事です。多くの専門家が専門家としての仕事を立派にこなしていますが、中には、特定の政権に近づき、ブレーンに選抜してもらいたいといった個人的動機から、政治家と一緒になって、「こうすれば絶対に景気はよくなる」と予言者のように断言する人も出てきます。**その意味で、経済学の世界は、純粋な学問というよりも、やはり政治に近い存在なのかもしれません。**

□相場師で億万長者でもあったケインズ

こうした特徴は、経済学の成り立ちとも大きく関係しています。

経済学は物理学といった自然科学とは異なり、多分に哲学的、政治的要素を含んでいます（実は物理学にも哲学的、政治的要素がありますが、ここではとりあえず無視します）。最近では、学ぶ人はほとんどいなくなりましたが、かつてマルクス主義経済学は経済学の中の主要テーマの一つでした。

マルクス主義経済学は、唯物論とドイツの哲学者**ヘーゲル**（1770～1831）が用いた弁証法がベースになっており（唯物弁証法）、人の思考は、産業や技術、経済といった物質的環境から影響を受け、相互の矛盾や対立を繰り返しながら、最適な形に進化していくと考えます。

つまり歴史（時間）はある一定方向に向かって進んでいるという価値観であり、当初から特定の思想をベースに物事が組み立てられているわけです（ちなみに歴史の最終地点には、共産国家があると考えます）。

現代経済学の基礎となっている**アダム・スミス**（1723～1790）など、いわゆる古典派と呼ばれる経済理論でも、「**神の見えざる手**」といったキーワードが使われていることからも分かるように、マルクス主義ほど極端ではないものの、やはり思想というものを含んでいます。

20世紀最大の経済学者である**ケインズ**（1883～1946）も、もともとは人の心理や行動を理解したいという目的で、ケインズ経済学の基礎を確立しました。

ケインズは一般的な学者のイメージとは異なり、株式投資で巨万の富を得るなど、相場師としての顔も持っています。ケインズは、母校のケンブリッジ大学の資金運用も行い、やはり大学に大きな利益をもたらしました。また英国政府に協力し、第二次大戦後の金融システム構築をめぐる対米交渉責任者として、米国とハードな交渉を行っています（交渉は結果的に失敗に終わりましたが）。

今では経済学というと、難しい数式が並ぶものというイメージがありますが、ケインズの著書に数式はごくわずかしか出てきません。今、使われているケインズ経済的な理論は、「科学的ではない」という経済学のイメージを払拭《ふっしょく》するため、後になって自然科学の手法を用いて高度に数式化されたものなのです（数学が用いられていれば科学的という世間の反応も少々お粗末ですが……）。

つまり、経済学には、当初からイデオロギー的な側面やビジネス的な側面があり、今でもそうした要素を持った分野なのです。

その証拠に、経済学者どうしの議論は、かなり感情的で過激になることもあります。リフレ派と反リフレ派はお互いを口汚く罵り、自分の学説が正しいことを声高に主張します。こうした過剰な自己主張は、物理学や化学など自然科学の世界ではあまり見られない光景です。

経済学について考える際には、こうした経済学が持つ特殊な側面を無視することはできないでしょう。

LEARNING

［神の見えざる手］
英国の経済学者アダム・スミスの言葉。個人が自らの利益を合理的に追求すれば、社会全体として適切な配分が実現するという意味。現代では市場メカニズムを説明する言葉としてよく用いられる。

L

的外れな経済効果試算
当たらない景気予測

——モデル化の手法

経済学に対して世間が過剰に期待してしまうのは、「経済学の知識を用いれば景気をコントロールできるのではないか」と考えてしまうからです。しかし現実の経済はそれほど単純ではなく、動きを予測したり、コントロールするのは非常に困難です。私たちは経済学がどこまで経済の仕組みを解明できているのかについて、よく知っておく必要があるでしょう。そうすれば、経済学を投資やビジネスにうまく応用することもできますし、逆に過大な期待を抱くこともなくなるはずです。

□恒等式と方程式は違う

現代の経済学は、経済の仕組みを**数式モデル化**することに主眼が置かれています。

数式モデルというのは、ある変数と変数の関係を数学的に表すものです。

たとえば、実質GDP（国内総生産）が増えると失業率が直線的に減るという関係を見出すことができたと仮定しましょう。これを数学的に表せば、失業率と実質GDPには、負の相関関係があるということになります。実質GDPと失業率という二つの経済的な変数の関係を、片方が増えれば片方が減るという単純な式で表せば、これはもっともシンプルな数式モデルということになります。

実際には、経済変数どうしの関係は単純な比例関係にはならないことがほとんどですし、どの変数とどの変数が関係しているのかもよく分からないというケースはザラにあります。しかし、複雑だから分からないと言ってしまうと身も蓋《ふた》もありませんから、マクロ経済学では、大雑把に変数を定義し、その変数どうしの関係を簡潔な数式で表すことになります。そのモデルをもとに、今の経済状態がどうなっているのか、さらには、どの部分をどう刺激すれば、景気がよくなるのかといったところを予測していきます。

ここでよく誤解されてしまうのが、方程式と恒等式の違いです。

マクロ経済学の教科書などには、よくY＝C＋G＋Iという数式が書いてあります。これは国民所得勘定を示すもっとも単純な数式、つまりモデルということなのですが、GDPの支出面に着目した場合、個人消費（C）と政府支出（G）と企業の設備投資（I）が、どのような関係になっているのかを示しています。

エコノミストや経済学者など、いわゆる専門家もこの式をベースに経済の現状を説明していますし、GDP統計を報じるマスメディアの記事も、たいがいこの式をもとにした解説を行っています。

たとえば、2015年7～9月期のGDPについて報じた日経新聞の記事には、以下のように記述されています。

設備投資は1・3％減と、2四半期連続のマイナスだった（中略）。個人消費は0・5％増と、（中略）2四半期ぶりに増加に転じた。公共投資は0・3％減と2四半期ぶりにマイナスとな（中略）った。（日本経済新聞　2015年11月16日付）

この記事では、Y＝C＋G＋Iのうち、C（個人消費）は前期比で0・5％増加したものの、I（設備投資）は1・3％のマイナスとなり、さらにG（公共投資）も0・3％のマイナスであったことが記されています（Gは政府支出すべてを指しますの

恒等式：いつでもいかなる時でも成立する式

$$Y = C + G + I$$

Y	C	G	I
GDP ?	個人消費 0.5%	政府支出 （公共事業） ▲0.3%	設備投資 ▲1.3%

しかし、方程式や関数とは異なり、Gを増やせば、Yも増えるとは限らない。Gを増やすとIが減ってしまい、Yの数値は変わらないということもあり得る。

↓

シンプルに数式で記述できたとしても、恒等式である以上、完璧な予測はできない。

国民所得勘定の恒等式

で、この記事での公共投資とは完全に一致しません）。

この数式モデルや記事を見ると、設備投資（I）や政府支出（G）を人為的に増やしてやれば、GDPを増やすことは簡単なのではないかと思えてきます。しかし、ここにはちょっとした落とし穴があるのです。この数式は「恒等式」と呼ばれるものであり、私たちが学校の勉強でよく使っていた方程式、もしくは関数とは異なる種類の数式なのです。

恒等式は方程式や関数とは異なり、いついかなる時でも成立する式のことを指します。この式における、CとIとGとYの関係は、常に成立します。しかしながら、それぞれがどのような関係になってこの式が成立しているのかについては説明してくれていません。

もし、GDP（Y）が、政府支出（G）の関数であれば、Gを増やせば、そのままYも増えることになります。公共事業をたくさんやれば、そのままGDPが増えるという関係です。経済成長とはGDPが増えることですから、これで、めでたく経済成長を実現できたことになります。

しかし、これは恒等式なので、そうなるとは限りません。最終的にY＝C＋G＋Iの関係が成立するだけですから、政府支出Gを増やしても、設備投資Iが減ってしまい、Yの数値が変わらないということもあり得るわけです。

もし、GとIとCの相互の関係もすべて関数で表すことができれば、Gをどれだけ増やすと、Yがどれだけ増えるのかを完璧に予測することができるでしょう。しかし、各項目の相互の関係性をすべて明らかにすることは困難ですし、同じ関係が、ずっと継続するとは限りません。したがって、実際に予測を行う時には、所得の一定割合が消費に回るといった仮定条件を置いて数式を分析しなければなりません。

つまり、シンプルに数式で記述することができたとしても、それが恒等式である以上、完璧に予測する目的には使えないわけです。

現実に政府支出Gを少し増やした場合、財源を国債でカバーすれば、個人消費に影響を与える可能性は低いと判断できます。したがって、短期的には政府支出Gを増やせば、その分、GDP（Y）は増えると判断して差し支えありません。公共事業を景気対策として実施するのはそのためです。

しかし、この関係性がいつまでも成立する保証はありません。実際、昔は公共事業の増加はそのまま経済成長につながりましたが、今ではかつてほどの効果はなくなってきました。政府支出Gの増加が、他の項目に負の影響を与えている可能性を否定できないことになります。

こうした事実は、恒等式が持つ特徴が理解できれば、すぐに分かることですが、なぜかこうした基本的な話はあまり議論されません。また専門家の中には、一般的な関数のように、将来を予測できるような言い方をする人がいますから、なかなかこの誤解は解消されないのです。

LEARNING

［政府支出と設備投資］
政府支出を増やす場合には国債を発行するケースが多い。国債を大量に発行すると金利が上昇し、民間の設備投資意欲を低下させる可能性がある。政府支出が民間の設備投資を抑制してしまうことをクラウディングアウトと呼ぶ。

では経済学が本当に使い物にならないのかというと、決してそんなことはありません。あまり実務で役に立たないと思われているからこそ、それを活用することはチャンスにつながります。次節ではその具体的なやり方について解説します。

LEARNING

［恒等式］

変数がどんな値の時も成立する等式。数学で習う因数分解の公式は代表的な恒等式。これに対して方程式は、変数が特定の値でしか成立しない等式。特定の値を探すことを一般的に方程式を解くという。

特売狙いが不毛である経済学的な理由

——GDPの基礎理論

必ずしも将来予測には適さないマクロ経済学の恒等式ですが、こうした数式モデルは、経済がどのような仕組みで回っているのかを理解するためには非常に役に立ちます。来年、GDPが何％成長するのかというダイレクトな情報よりも、むしろ、ビジネスや投資にはこちらの方が有用といってよいでしょう。

□GDPより街の混雑を気にする投資家

GDPに関する恒等式Y＝C＋G＋Iは、世の中で、どのようにお金が回っているのかを示すもっともシンプルなモデルです。さらに実務的観点では、貿易収支（NX：純輸出）を加えたY＝C＋G＋I＋NXが用いられます。

つまり、この式は、消費、政府支出、設備投資、輸出入の四つだけを見ていれば、経済の状況はおおまかに理解できるということを意味しているわけです。この式に具体的な数字を入れてみると、さらに状況はクリアになってきます。

日本のGDPは500兆円ほどあります。このうち、もっとも大きな割合を占めるのは個人消費で全体の6割を占めています。金額にすると300兆円ほどです。次に大きいのが政府支出で全体の2割、金額にして100兆円となっています。次は設備投資で全体の約17%、金額では85兆円ほどになります。残りは、輸出入（貿易収支）などと考えればよいでしょう。

個人の消費活動が全体の6割を占めていますから、GDPに対する消費の寄与度がとても大きいことが分かります。

経済学に関する細かい知識がなくても、**経済に関する「教養」がある人は、景気の判断において、補正予算や貿易収支などよりも、消費の動向を気にします。**

ある投資家は、街の混雑度合いを自分なりの指標として重視しており、量的緩和策の効果や消費者物価指数の動きなど、メディアで議論されている経済学的な細かい話はほとんど無視していました。しかし、これは経済学的に見て決して間違った行動ではありません。GDPの6割が個人消費で占められているわけですから、街角を眺

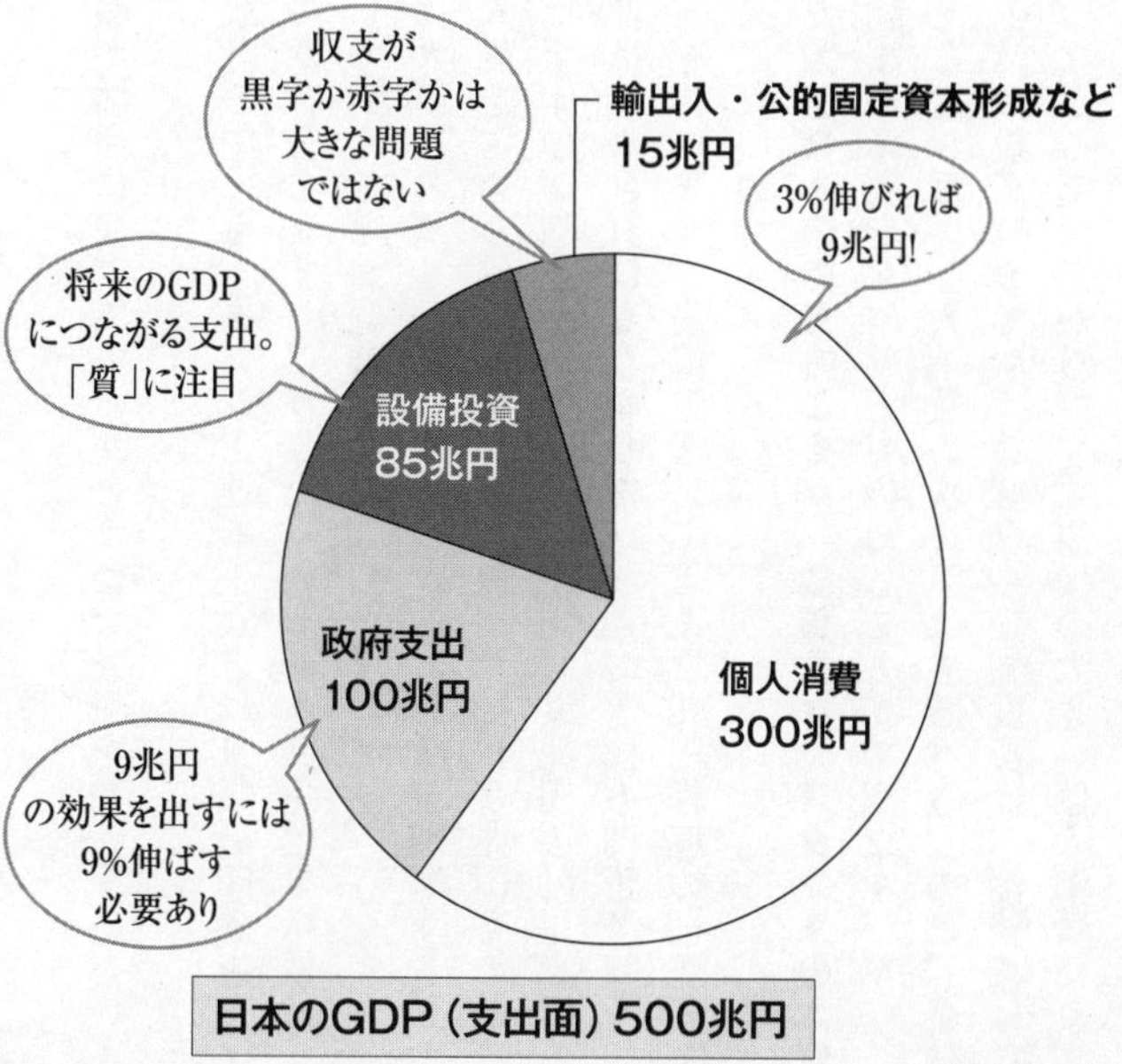
収支が
黒字か赤字かは
大きな問題
ではない
輸出入・公的固定資本形成など
15兆円
3%伸びれば
9兆円!
将来のGDP
につながる支出。
「質」に注目
設備投資
85兆円
政府支出
100兆円
個人消費
300兆円
9兆円
の効果を出すには
9%伸ばす
必要あり
日本のGDP（支出面）500兆円

日本のGDP（支出面）の見方

めてみて、商品が活発に売れているかどうかで景気を判断するという基準は合理的だというわけです。

公的な経済統計の中にも、タクシー運転手などに景気の印象をヒアリングしてそれをまとめたものが存在します。こうした、いわゆる街角景気指標は、実際の経済指標より少し先行して動くことが経験則的に知られています。

ここで非常に大事なのは6割という数字が持つ意味を理解することです。

もし全体の6割を占める個人消費が3％伸びれば、9兆円もの経済効果です。一方で、政府支出は全体の2割しかありません。同じ9兆円の効果を得るためには、政府支出を9％も伸ばさなければなりませんが、この規模の補正予算を組むことは現実的にかなりの困難を伴います。妥協策として1～2兆円程度の補正予算を組んだところでたいした効果はないのです。

実はこうした大胆なものの見方こそが「教養的な」スタンスの本質となります。教養があれば、物事の本質をズバリと見極めることができます。

教養的に考えるならば、個人消費の次に気にするべきなのは、金額の大きい政府支出ではなく、企業の設備投資です。なぜなら設備投資は、消費ではなく投資であり、将来の利益につながる支出だからです。規模の大きい個人消費にまず着目したのは、

「量」の部分に焦点を当てたからであり、次に設備投資を重視するのは、「量」ではなく「質」を見ているからです。

投資と消費の違いは、その支出が将来利益をもたらすのかどうかという点です。同じレベルのサラリーマンだったのに、最終的に資産家になれる人とお金がないまま一生を終えてしまう人の違いが出てくるのは、お金の使い方に原因があります。

お金に縁のない人は常に消費支出ばかりしています。しかし、お金に縁のある人は、将来、自分の利益につながる支出を好みます。お金持ちの人が、株式投資や不動産投資が大好きなのは当たり前のことなのです。

経済全体でもまったく同じことがいえます。設備投資を行って店舗や工場を増強すれば、それは将来の収益につながってきます。したがって同じ1兆円でも、個人消費の1兆円と設備投資の1兆円は意味が違っているわけです。今の日本で景気がよくならない原因の一つは、企業がリスクを取ることを嫌い、設備投資を抑制していることにあります。これは、今の景気を冷やすだけでなく、将来のGDP抑制にもつながっているわけです。

ただし、何でも設備投資を増やせばよいというものではありません。技術の進歩に合わせて、将来利益になる有望な対象に投資をすることが大事です。その意味でも、質を担保することは非常に重要なことと考えてよいでしょう。

□シンプルに、そして順序立てて考える

物事の本質を見極めるという意味で教養というものを捉えた時、ここでは、**モデルを使って単純化する、割合の多いところに特化する、質と量の違いを理解する**、といったことが教養的な思考ということになります。

このようなことを書くと「そんなこと当たり前だろ」「それを知ったからといってお金持ちになれるわけではない」という批判を受けることがあります。たしかに当たり前のことではあるのですが、当たり前だと筆者を批判している人は、あらゆる局面において、こうした合理的な思考を実現できているのでしょうか。おそらくそうではないと思います。

実際、経済政策の話でも、補正予算の話については侃侃諤諤《かんかんがくがく》の議論となっていますが、肝心の個人消費については、なぜ消費が伸びないのか、根源的な議論は行われていません（デフレマインドといった曖昧な結論で済ませてしまっています）。

また貿易収支の増減については、専門家のみならずごく一般の人も含めて高い関心

を集めていますが、基本的な経済状況を分析する上で、貿易収支が赤字になったか、黒字になったかは、それほど大きな問題ではないという事実はほとんど無視されています（貿易収支が経済にどう影響するのかはまた別な議論がありますが）。つまり些末《さまつ》な議論に振り回されてしまっているわけです。

会社の仕事や私生活などでも同じことがいえます。

営業活動において、1件100万円となる小口の顧客と1件1億円となる大口の顧客とでは、営業成績に関する寄与度がまったく違います。**合理的に考えるなら、労力や思考のほとんどは1億円の案件に投入すべき**ですが、そうなっていない企業は少なくありません。寄与度の小さい仕事に皆が血眼になっているケースをよく見かけます。

大きい案件に集中すべきだという意見が出ると、小さい案件をなおざりにすることは良くないことだというモラルの話が登場したりします。すでにこの段階で論点が混乱していることに気付いていません。

家庭も同様でしょう。節約を実行している世帯は多いと思いますが、家計における高額支出のほとんどは住宅と保険と自動車で占められています。家計支出というものを経済と同様、単純なモデルに置き換えて考えれば、1円安い大根を求めてスーパーをハシゴすることがいかに無意味なのか容易に理解できるはずです。

クルマの支出が大きいという話をすると、普通の人は、「クルマを持たないわけにはいかないのだからしょうがない」と考えてしまいます。しかし教養のある人は、クルマを持つことをやめた場合、実際どの程度費用が浮くのか、すべてをタクシーやレンタカーに切り替えた場合には、どの程度の費用がかかるのか、冷静に計算し、その上で、最終的な結論を下します。既存の価値観から常に自由なのです。

LEARNING

［貿易赤字］
輸出と輸入の差額のことを貿易収支と呼ぶ。輸出の方が多ければ黒字に、輸入の方が多ければ赤字になる。貿易収支に海外からの投資収益などを加えたのが経常収支。貿易収支の赤字・黒字と経済成長は直接関係しない。

L サラリーマンより資本家が圧倒的に有利である証明

――三面等価の原則

これまで説明してきたGDPの恒等式にはある特徴があります。それは、この恒等式は「お金を使う」という視点で書かれているということです。しかし同じことを別な側面から見ると、まったく違う風景が見えてくることがあります。これまで説明してきたGDPの恒等式も、見方を変えると別の教養ツールに変身するのです。

□同じモデルを別の角度から見る

GDPを示す恒等式Y＝C＋G＋Iにおける各項目は、個人消費、政府支出、設備投資という名称になっています。個人消費は文字通り、個人が買い物をして使った金額ですし、政府支出は政府の買い物です。設備投資は、工場の機械や建物などに対する支出です。消費と投資には、それが今後、利益を生み出すためのものかどうかという違いがあるに過ぎません。

つまり、この式は、その国で国民や政府などが1年間に使った金額の総額を表していることになります。したがって、この恒等式はＧＤＰの「支出面」に着目したものということになります。

しかし物事には必ず、別な側面というものが存在します。お金を払った人がいるなら、それを受け取った人がいるはずです。日本のＧＤＰは５００兆円と説明しましたが、５００兆円が使われたのなら、同じ５００兆円分の受け取りが存在します。ＧＤＰの定義ではこれをＧＤＰの「分配面」としています。

またお金をやり取りする前提としてモノが売買されていますから、同様に使われた金額と同じ額の「生産」が行われているはずです。つまりＧＤＰにおける「支出」「分配」「生産」の金額はすべて一致します。これが経済学の基礎的な教科書に書いてある、**「ＧＤＰ三面等価」の原則**です。

普通の人は、教科書を読んで「三面等価」と暗記しておしまいです。しかし教養のある人は、それが持つ本質的な意味を考えます。

同じＧＤＰでも使う側の視点ともらう側の視点ではだいぶ様子が異なっています。

通常は、支出面にしか注目が集まらないので「消費が何％増加」といった話で終わってしまうのですが、分配面に着目すると、かなり明確に「儲け」の仕組みが見えてくるのです。

□経済学が分かると、なぜ資産1億円が大事なのかが分かる

先ほどの支出面と同じように分配面を恒等式で書くとY＝L＋Kとなります。ここでLは労働に対する報酬です。もっと分かりやすく言えば、私たちが受け取る賃金（給料）ということになります。誰かが商品を買うために支払ったお金は、最終的に誰かが給料という形で受け取るというわけです。

もうひとつの項目であるKは資本に対する報酬です。経済活動はモノやサービスが存在するだけでは成立しません。焼き鳥屋さんを経営するには、焼き鳥を焼く人と鶏肉だけでは不十分なのです。焼き鳥をお客さんに提供する店舗を用意しなければなりませんが、そのためには内装工事などの初期投資が必要となります。この資金を提供してくれた人には、利子や配当という形で、その出資に報いる必要が出てきます。そうでなければ、事業に出資する人などいなくなってしまうでしょう。

このGDPモデルは、経済というものは、企業などが稼いだお金を賃金として労働者に分配すると同時に、利子や配当という形で資本家に還元しているということを示しています。言い換えれば、お金を稼ぐには二つの方法があるわけです。

一つは、労働力を提供する代わりに賃金をもらうという方法。

もう一つは、資本を提供する代わりに利子や配当をもらうという方法です。

では実際の経済では、お金はどのように分配されているのでしょうか。

先ほど、日本のGDPは約500兆円という話をしましたが、この500兆円のうち、労働者の報酬として支払われたのは約250兆円（雇用者報酬）で、全体の約半分を占めています。一方、資本に対する対価として支払われたのは（営業余剰）、約100兆円になります。残りは、設備の減価償却など、固定資産を維持するための経費として消えています。資本として提供されているお金の総額（国富）は約3000兆円となっていますから、ざっと計算すると、日本全体では投資に対する平均的な利回りは3・3%と計算されます（100兆円÷3000兆円）。

日本には約6600万人の労働者がいます（労働力人口）から、労働者の報酬を人数で割れば、1人当たりの年収が計算できます。ここでは約380万円となるのですが、当然のことながらこの数字は、日本人の労働者の平均年収に近い数字となりま

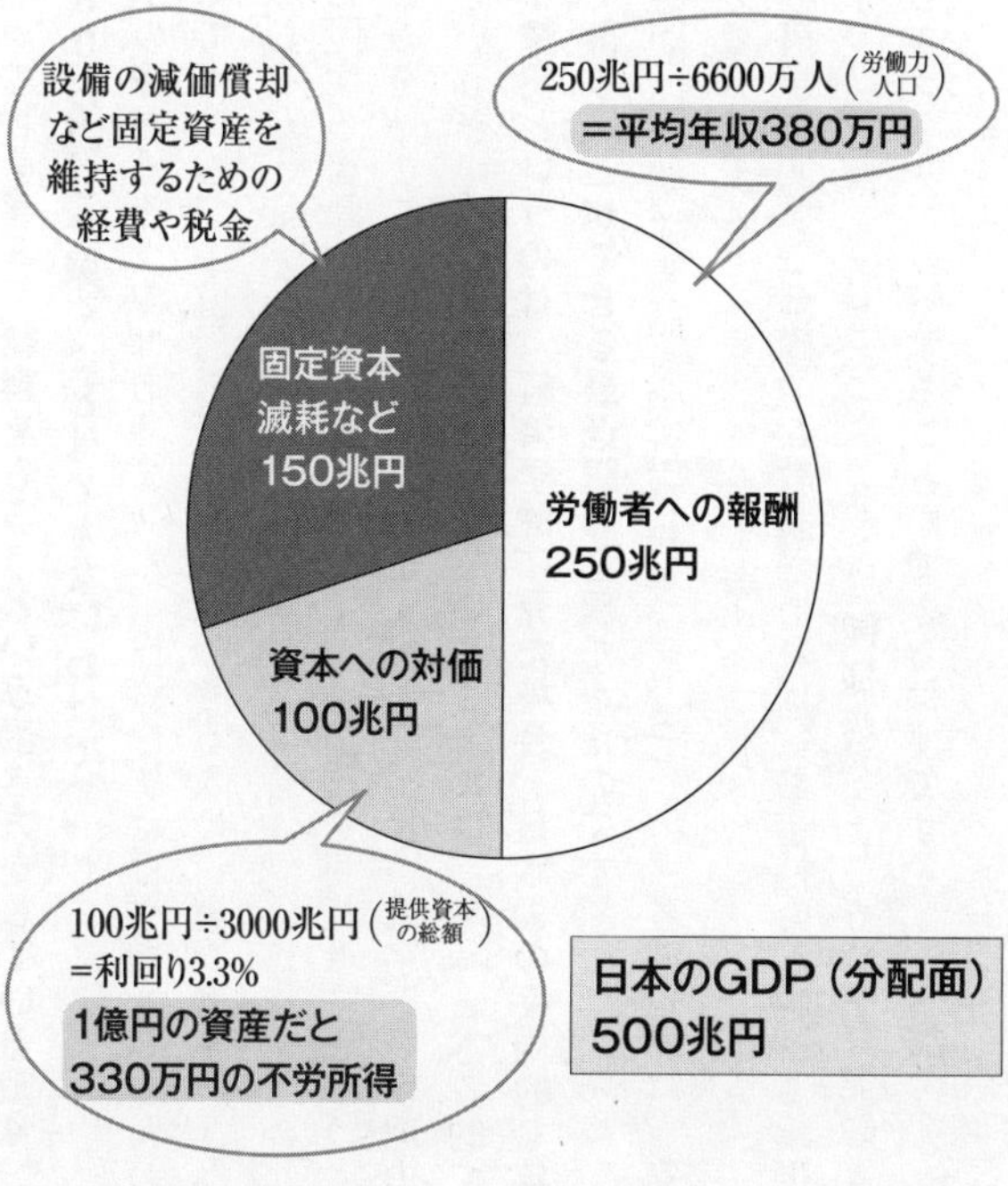
設備の減価償却
など固定資産を
維持するための
経費や税金
250兆円÷6600万人（労働力人口）
＝平均年収380万円
固定資本
減耗など
150兆円
労働者への報酬
250兆円
資本への対価
100兆円
100兆円÷3000兆円（提供資本の総額）
＝利回り3.3%
1億円の資産だと
330万円の不労所得
日本のGDP（分配面）
500兆円

す。乱暴にいってしまうと、**給料をもらうという働き方をしている限り、平均値では1年間に380万円しか稼ぐことはできないわけです。**

一方、資本の稼ぎはそうではありません。投資をすれば平均3・3%の利回りがあるという計算ですから、1億円の資金を用意できる人は、利回り3・3%、つまり、年間330万円を働かずに手に入れることができます。

お金持ちに関する書籍や雑誌などにおいて「1億円を目指せ」というキーワードが使われているのを見たことがあると思います。キリが良い数字という理由もありますが、1億円というキーワードが多用されていることには、もっと本質的で深い意味があります。**1億円というのは、経済学的に見た場合、日本人の平均的な年収に近い額を不労所得で得ることができる最低限の金額だったのです。**

GDPの分配面に関する話や国富に代表されるストック面の話は、なぜかあまり議論の対象となりません。

こうした経済学に関する基礎的な教養があれば、お金持ちと呼べる水準がなぜ1億円からなのか、腑《ふ》に落ちることでしょう。同様に、2015年に話題となったピケティの理論もスッキリと理解することができるはずです。

□筆者がサラリーマンを辞める決断ができた理由は経済学

フランスの経済学者**トマ・ピケティ**（1971〜）氏が著書『21世紀の資本』（みすず書房）で主張している、富を持つ資産家と労働者との格差拡大は、ここでいうところの労働者に対する報酬と資本に対する報酬の違いに起因しています。

労働者に対する報酬はGDPの成長率が高まらないと増加しません。つまり経済成長分しか労働者の給料は増えないのです。一方、資本に対する利子や配当は、常に一定レベル以上の水準が維持されてきました。企業側は労働者への昇給よりも、利子や配当を優先しているからです。そうしないと企業は投資を受けたり、融資を受けることができなくなってしまうというのがその理由と考えられます。

この結果、歴史的にいつの時代も、経済成長率よりも資本による利回りが上回っており、労働者と資本家の格差は拡大し続けるという理屈が成立するわけです。

世の中には、数多くのお金持ち関連本が存在しています。筆者の本もそのうちの一つかもしれませんが、ほとんどの書籍が、事業や投資をしないとお金持ちにはなりにくいと指摘しています。

他に方法はないのかとうんざりする人もいるかもしれませんが、経済学の教養を使って得られた結果はやはり同じです。**労働者として給料をもらうよりも、資本家・投資家としてリターンを得た方が圧倒的に有利なのです。**

起業も自身のビジネスに対する投資ですから、基本的にはまったく同じことと考えてよいでしょう。

いろいろとリスクがあるにもかかわらず、株式投資や不動産投資がお金持ちになるための王道であるというのは、当然の結論なのです。ここで経済に関する教養があれば「やっぱりそうなんだ」とムダな夢を追うことを諦めることができるでしょう。

身も蓋もない話に聞こえるかもしれませんが、決してそうではありません。これ以外には、有力な方法がないとハラをくることで、人は初めて、投資家・実業家としての振る舞いができるようになります。一種の覚悟といったものでしょうか。

これをもう少しアカデミックなキーワードで言い換えれば、アントレプレナーシップということになるでしょう。経済活動は人間の行動の集大成ですので、最終的にはメンタルな部分が大きく影響してくるのは当然のことなのです。

筆者もかつてはサラリーマンでしたから、独立して事業や投資に踏み出すことにはそれなりの躊躇がありました。他に何かうまい方法があるのではないかと考え込んだりすることもありました。

しかし最後に実業家・投資家としての覚悟を決めさせてくれたのは、投資家や実業家にならなければ、相対的に不利になるという経済学的な知見でした。筆者にとって経済学的な知見は、自身の背中を押す原動力になっていたわけです。

LEARNING

［利回り］

投資金額に対する1年あたりの収益の割合を示す数値。これに対して利率は、額面金額に対する利子の割合を示している。額面が100円で利子が5円なら利率は5％だが、この債券を90円で購入した場合の直接利回りは5・6％になる。

L

お金がダブついてきたらどう行動すべきか

――フィッシャーの方程式と貨幣数量説

同じ数式モデルも、見方を変えたり、一定の条件を設定することで、まったく違ったツールに変貌するというのは、サイエンスの世界ではよく目にする光景です。アベノミクスの理論的根拠の一つと言われている**貨幣数量説**についても同じことが言えます。このあたりの勘が鋭くなってくると、アベノミクスに対して、自分はどのように行動すればよいのか、よりハッキリと見えてくるでしょう。

□同じ式でも前提条件を変えると

貨幣数量説というのは、「**物価水準は基本的に貨幣の量に比例する**」という経済学における仮説です。貨幣数量説を説明する際によく使われるのは、MV＝PTという**フィッシャーの方程式**と呼ばれる数式です。

ここでMは市場に出回っている貨幣の量、Vは貨幣の流通速度を表しています。世の中ではお金がぐるぐる回っていますから、実際に発行されたお金は、1年間に市場を何回も行き来することになります。流通速度は速度というよりも、お金の回転数と考えた方がよいかもしれません。式のもう一方にあるPは物価水準を、Tは取引の数を示しています。

この数式で大事なのは、本章でも何度か説明した恒等式であるという点です。恒等式は、方程式や関数と異なり、いついかなる時も成り立つものですから、どれかの値を増やすと、どれかが増えるという関係を説明しているわけではありません。唯一分かっているのは、**式の中のどれかの項目を変えれば、少なくとも他の一つの項目は変化しなければならない**ということです。

たとえば中央銀行が量的緩和策を行ってMを増やした場合、この恒等式が成立するためには、他のいずれかの項目が変化しなければなりません。しかし、どの項目が増えてどの項目が減るのか、あるいはどの項目に変化がないのかは分からないのです。

しかしながら、この式のいくつかの項目が定数として決まっているのだとするとどうでしょうか。ある項目が決まれば、ある項目も自動的に決まらなければならないという、いわゆる関数と呼ばれるものに変化するはずです。

貨幣数量説は、この恒等式の中で、流通速度であるVは常に一定になるのではないかという立場に立つ学説です。

この式を変形するとP＝MV／Tという式になります。ここでVは一定と仮定されていますから、変数はMとTです。しかもTは近似的に生産量と置き換えることができ、短期的には一国の生産量は大きく変化しませんから、近似的にTも一定と考えることが可能です。そうなってくると、この式は恒等式ではなく、貨幣供給量Mの変化によって、価格Pがどう変化するのかを示した関数ということになります。**つまり貨幣供給量が増えると、価格Pが上昇するという因果関係が成立するわけです。**

デフレに陥った日本の物価を上げるためには、日銀が供給するマネーの量を増やせばよいということになりますから、これによって量的緩和策を実施するはこびとなったわけです。

もちろん貨幣を増やしただけで、景気がよくなるわけではありません。

しかし貨幣数量説に立てば、日銀がマネーを供給すると、理論的に物価は上昇することになります。物価が上がると皆が考えれば、期待インフレ率が上昇し、金利も上

$$MV = PT$$

M：お金の供給量　V：お金の回転数　P：価格　T：取引数

$$P = \frac{MV\ (\text{一定})}{T\ (\text{一定})}$$

↓

「お金の供給量（M）が増えると、価格（P）が上昇する」という因果関係が成立する

貨幣数量説の恒等式

がると予想する人が増えてくるでしょう。

一方で、短期的には日銀が国債を積極的に買い入れるので、金利は低いままで推移します。その結果、実質的な金利が下がったことと同じになり、お金が借りやすくなって、設備投資が促進されるという仕組みです。

□モノの値段はどこから来るのか

しかし、経済学を専門とする人の中には、こうした考え方について否定する人もいます。その根拠となるのは、モノの値段というのは、個々のモノの価値の積み上げであり、貨幣の総量で決まってくるものではないという考え方です。このような立場に立

つ人は、貨幣数量説を信じていませんから、アベノミクスの量的緩和策についても懐疑的です。

こうした論争において、当事者は時に熱くなり、相手を罵倒したりしていますが、私たちは感情的な論争からは少し距離を置く必要があります。これらは、あくまで学説上の論争であり、現実社会としては両方の側面があるからです。

モノの値段がマネーの総量で決まるというのは、日頃の支出行動でもイメージできると思います。たとえば、牛肉の値段が上がった場合には、いつもより安いパンを選んだり、お酒の量を減らすなどして食費全体の出費を抑えることは、私たちにとって日常的な行為です。貨幣数量説に立てば、マネーの総量を増やさない限り、買われなくなった商品で値下げが起こり、全体の物価は上がらないということになります。

一方、私たちは、どうしても欲しいものや必要なものがあると、他の影響を考えずに高くても買ってしまいます。貨幣数量説を否定する専門家は、そういう商品やサービスが増えれば、中央銀行の意向とは関係なく物価は上がると考えるのです。つまりモノの値段は、モノ自体や人の購買意欲に起因するというわけです。これも私たちが持つ心理の一つといってよいでしょう。

アベノミクスをめぐる争いは、両面ある人間の心理のうち、どちらにかけるのかと

いう違いにしか過ぎません。したがって、感情的になって争うのはナンセンスなのです。

残念ながら、当初予想したように経済は動いていませんが、市場にある程度のインフレ期待が発生したのは事実です。その点では、貨幣数量説というのは、部分的には、正しいのかもしれません。一方、市場が活性化せず、魅力的な商品やサービスが存在しないと、消費が喚起されないのも事実であり、すべてが数量説で説明できるわけでもありません。

□マネーの時代かモノの時代か

しかしながら、私たちは、厳密にどちらなのかは決められないにせよ、大雑把にはどちらの立ち位置なのかについて考えておく必要があります。なぜなら、こうした価値観の違いは、意識していなくても、ビジネス分野の選択や投資する銘柄の選別、付き合う人物の選定に大きな影響を与えているからです。

貨幣数量説に近い立場の人は、経済の動きは貨幣的なニュアンスが強いと考える傾向があります。つまりお金が先で、モノやサービスはそれに追随するものと考えます。

全員ではありませんが、お金がお金を生み出す金融サービスや、金融的なニュアンスの強いビジネスに肯定的です。

一方、モノの値段は、モノに起因すると考える人は、いわゆる実業的なものに対する関心が高いという特徴があります。景気がよくならないのも、金融政策ではなく、魅力的なモノやサービスが登場しない市場環境にこそ問題があると考えます。

どちらが有利なのかは、その国や時代ごとの経済環境によって異なります。新興国など、とにかくモノが不足しており、国民が新しい商品を欲しがるような経済環境では当然のことながら、モノをベースに経済は回っていきます。中国はここ20年、かつての日本と同じような高度成長でした。中国の億万長者の多くは製造業などモノに関する事業を手がけた人です。

しかしある程度、経済が成熟してくると、人はあまりモノを欲しがらなくなります。そのような社会では、マネーの方が影響力を持ってきます。成熟国における経済現象の多くは貨幣的なものです。

したがって金融サービスや、金融的なニュアンスの強い事業の方が相対的に有利です。ここ数年、中国の富豪も、製造業から不動産や金融といったサービス業にシフトしているのは、経済の仕組みが変わり、マネーの立場が高くなってきたからです。

この傾向は未来永劫続くのかというと必ずしもそうとは限りません。近年、シェアリング・エコノミーが発達し、既存のモノやサービスを組み合わせたり、それをシェアするというビジネスが急成長しています。シェアリング・エコノミーが支配する世界では、ビジネスをスタートさせるのに大きな資本は必要ありません。

必要最小限のモノやサービスの組み合わせでも大きな価値が生じてきます。そうなってくると、マネーが持つパワーは相対的に低下してくることになるでしょう。これからは、金融的なものではなく、人々の生活に近いモノやサービスに関するビジネスの方が再び有利になってくるかもしれません。

LEARNING

［物価］

モノ（財）やサービスの平均的な価格のこと。よく用いられる物価指標としては消費者物価指数と企業物価指数がある。消費者物価指数は、最終消費者が購入する段階の物価、企業物価指数は企業間取引段階での物価を示す。

CULTURES OF CHAPTER

II

■経済学は思想やビジネスが絡んだ感情的な学問

■経済予測が当たるかどうかは誰にも分からない

■割合の多いところに特化する。質と量の違いを理解する

■経済学は、サラリーマンより投資家が圧倒的に儲かると証明している

■経済が成熟してくると、人はあまりモノを欲しがらなくなる

第III章

お金の思考センスを身につけるための数学

MATHEMATICS

L

理数系のセンスとは「相関」を見抜くためにある

——相関関係と因果関係

お金に強い人には、いくつかの特徴がありますが、その中の一つに「数字に強い」というものがあります。筆者の個人的な経験からも、資産形成が上手な人は、ほぼ例外なく数字に強いという特徴が見られました。

ここでは「数字に強い」という話をしましたが、お金儲けがうまい人は、「数学的」な思考も得意です。これは「理数系の学校を卒業している」とか、「数学の点数がよかった」という話をしているわけではありません。

数字が得意であることと、数学的な思考が得意であることは、実は別の話です。いわゆる文科系の人にとっては意外に思うかもしれませんが、理工系の人の中には、「数学は非常に得意なのに、数字がまるでダメ」という人が結構多いのです。

しかし、広い意味では両者は近い間柄ですから、ここではひとまとめにして話を進めていきたいと思います。

数字に強い、あるいは数学的思考が得意な人のことを、ここでは理数系のセンスがある人と定義します。理数系のセンスとお金儲けは深く関係していると考えるべきでしょう。つまり、資産形成と理数系のセンスには何らかの「相関がある」わけです。

□相関関係と因果関係を区別する

ここで筆者は何気なく「相関がある」と書いたのですが、この相関というキーワードに対する捉え方で、理数系のセンスが分かります。

世の中には、さまざまな出来事があり、多くの人が、さまざまな手法でこれらの出来事を分析しています。こうした分析結果を私たちは情報として受け取り、ビジネスや投資の判断材料にしているわけです。

ここで問題となるのが**「相関関係」と「因果関係」の違い**です。時に人は、相関関係があることと、因果関係があることを混同し、まったく正反対の結論を出してしまったりします。

会社における営業活動を例に考えてみましょう。

「成績の良い営業マンは、初回の訪問から注文獲得までの訪問回数が少ない」という傾向が見られます。筆者は経営コンサルタントの仕事をしていた時期がありますので、この話は直感的に理解できますが、業種や業界を問わず、おそらく同じような傾向が見られるはずです。

この話を理数系的なセンスで言い換えると、「営業成績と成約までの訪問回数には相関がある」ということになります。

相関というのは、ある事柄とある事柄に何らかの関係があるという意味ですが、あくまで関連があるというレベルにとどまっています。顧客への訪問回数を減らしたからといって、営業成績が上がるとは限りません。もし訪問回数を少なくした結果、営業成績が上がったのだとすると、それは相関関係ではなく因果関係ということになります。

状況を分析する際には、相関関係があるだけなのか、因果関係が成立しているのかについて区別しなければなりません。

このケースでは、優秀な営業マンは、的確に顧客に必要な情報を提供すること（たとえば資料の準備がしっかりしているなど）によって、相手が購入を決めるための手間が少なくなっており、結果として訪問回数が減っているものと考えられます。そうなってくると、単純な訪問回数と営業成績には因果関係がありませんから、単に訪問頻度を減らせば成績が上がるという解釈にはならないでしょう。

むしろ、「顧客訪問に際しての資料の準備レベルと営業成績に因果関係がある」と判断すべきです。

□テロで経済は停滞しない

この手の話は、営業のような身近な話にも当てはまりますし、国際情勢のようなスケールの大きな話にも適用できます。

2015年11月にフランスのパリで同時多発テロが発生し、世界経済への影響が懸念されました。パリの事件が大規模だったことから、全世界の注目を集めましたが、実は、近年、全世界的にテロの件数が急増しているのです。

米メリーランド大学の調査によると、2014年は約1万7000件のテロが発生しており、これによって全世界で約4万4000人が死亡しています。2000年から2010年までの発生件数は平均すると年2500件程度でしたから、まさに急増といってよいでしょう。

テロは非常に恐ろしいことですが、これによって経済が停滞するのかは、また別の話です。これまでのテロ発生件数と全世界の実質GDP（国内総生産）成長率の関係を調べてみると、因果関係はもちろんのこと、相関関係すら見当たりません。

ここでは詳しく触れませんが、テロの発生件数をX軸、成長率をY軸にした散布図をエクセルで作成すると、点の分布がバラバラです。つまり両者には何の関係性も見つけ出せないのです。試しに、エクセルの関数で相関係数を取ってみるとマイナス0・08と計算されました。限りなくゼロに近いですから数学的にも相関性はほぼゼロです。テロが増えたからといって、経済に悪影響があると身構えるのは、少し待った方がよさそうです。

一方、テロの発生件数に対して、はっきりした相関関係が見られる数字があります。それは米国の軍事費の増加率です。

テロの発生件数と米国の軍事費の増加ペース（1年あたりの増加率）について相関を取るとマイナス0・5という数字が出てきます。これは米国の軍事費が増えると、テロの発生件数が減るという相関があるという意味です。実際にグラフを描いてみると、軍事費が増えるとテロが減るという関係性がよく分かります。米国の軍事費とテロの発生件数には、マイナスの相関があるわけです。

相関があることが分かったところで、次に重要となるのは、因果関係です。

このデータだけでは因果関係があるかどうかは分かりませんから、私たちは推測するしかありません。ここで大事なことは、事実と推測をしっかり区別することです。事実（ファクト）はマイナスの相関があることのみであり、因果については私たちの推測です。ここを勘違いしてはいけません。

米軍が活動を活発化させれば、テロの資金源や組織が破壊される可能性が高くなりますから、米軍の活動とテロの発生件数には因果関係があると考えるのは不自然ではないでしょう。ただ、こうした推測は１００％断定してしまわないことが重要です。たとえば、米軍の軍事費が増えたからといって、必ずテロの件数が減っているだろうと考えるのは危険です。テロ活動が活発になったので、米国が軍事費を増やした可能性もあるからです。米国が軍事費を増やした理由は、報道など定性的な情報で確認することができますから、こうした情報を使って、どちらが先なのか、検証を進めていきます。

理数系のセンスがあれば、世の中に出回っている情緒的な情報に振り回されることがなくなり、冷静な判断ができるようになります。最終的にビジネスや投資の勝敗を分けるのは知識ではありません。知識を総動員したところで、分からないものは分からないからです。

しかし、理数系のセンスがあれば、一方的な情報によって感情的に揺さぶられることがありません。その分、判断で失敗する回数が減り、最終的な利益へとつながっていきます。小さなミスをしないことの積み上げは、実は資産形成における重要なテーマであり、そのためには教養が大事なのです。

LEARNING

［相関係数］
二つの変数にどのような関係があるのかを示す数値。マイナス1からプラス1までの数字をとる。相関係数がゼロの場合には、両者に関係性はなく、プラスの場合には、片方が増えれば、もう片方も増えるという関係になる。

L

「数字」を鵜呑みにしない推計力を鍛える

──ケタが合っていることの意味

理数系のセンスがあると、言葉のニュアンスによって生まれた情報のゆがみから自由になることができます。資産家になる能力がある人は、ある話を見聞きした時、すぐに「本当にそうなの？」と疑問に思います。そして数字を当てはめて検証しようとする傾向が顕著です。こうしたクセがついていると、ビジネスチャンスに対する考え方も大きく変わってくるはずです。

□自動運転車の事故率は高いのか

このところクルマの自動運転がよく話題になります。自動運転で気になるのは、やはり安全性であるというのは、多くの人に共通していると思います。２０１５年7月、クルマの自動運転では最先端を行っている米グーグルの自動運転車による事故のニュースが話題となりました。こうしたニュースを的確に理解するためには、理数系のセンスは非常に役立ちます。

グーグルは2015年7月、同社が開発中の自動運転車が、信号待ちをしている時に後続車から追突され、社員3人がケガを負ったことを明らかにしました。自動運転車側に責任はなく、単純な追突事故だとしています。同じくグーグルは、6年間で14回の事故があったという事実も併せて公表しています。

自動運転車が事故を起こしているのではないかという噂は以前からあり、グーグルが事故の発生を認めたことで、「やはり自動運転は危ないのではないか」といった印象が広がりました。確かに14回も事故があったと聞くと、危険ではないかと思えてきますが、果たしてそれは正しいのでしょうか。こうしたことを検証するためには、数字を客観的に捉えることが重要となります。

14回という事故が多いのか少ないのか、つまり事故率が高いのか低いのかを評価する際には、どれだけの距離を走ったのかについて考慮しなければなりません。合計で100キロメートルしか走っていないのに14回も事故を起こしたのと、1万キロ走った上で14回事故が発生したのとでは、あまりにも違いすぎるからです。

同社は2009年から自動運転車の開発をスタートし、2014年からは公道を使った実験に移行しています。実験で走ってきた累積の走行距離は約180万マイル（約290万キロ）ですから、約21万キロ走ると1件の事故が発生する確率ということになります。安全性について判断するためには、この数字が多いのか少ないのかについて、検証する必要があるでしょう。

米国における自動車事故の発生確率は、50万キロに1件程度といわれています。米国を基準にすると、グーグルの自動運転車の事故率は高いということになります。ただ、この数字は初期段階の実験走行を含めた数字ですから、この成績は時間を追うごとに向上している可能性が高いと考えられます。現時点では、すでに平均値を下回っているかもしれません。

一方、日本はどうでしょうか。自動車事故の発生率についてピッタリ該当する統計データは残念ながら存在しないようです。しかし、統計データがないからといって諦めてしまうのは早計です。関連情報から推定できる可能性があるからです。多くの人は、この段階で諦めてしまいますから、ここに大きなチャンスが生じます。

□与えられた数字はむやみに信用しない

事故発生率の数値を推定するには、どうしても事故件数に関する情報が必要です。交通事故の統計というと警察が思い浮かびますが、話はそう単純ではありません。事故として届けられないものも多く、実際の事故件数との乖離《かいり》が生じる可能性が考えられます。その点では保険会社の統計をあたってみる方がよい結果が得られる可能性があるでしょう。車両保険であれば、ちょっとした軽微な事故でも支払いの対象となっているからです。

損害保険業界が公表しているデータによると、2012年における事故の総件数は約690万件でした。このようなデータを扱うとき、理数系的なセンスのある人は、この数字を無条件では使いません。690万件という数字が、正しいものなのか直感的に判断できないからです。この数字を自信を持って使うためには、別なアプローチで近い数字が得られることを確認することが重要です。

ここでは事故の件数が知りたいわけですから、保険会社が支払った保険金と1件あたりの平均支払額が分かれば、件数を逆算できます。保険会社が1年間に支払う自動

Google〈グーグル〉の自動運転車試験の事故件数

290万kmで14件=21万kmに1件の事故発生率

〈米国〉の人間による自動車事故発生率

50万kmに1件の事故発生率

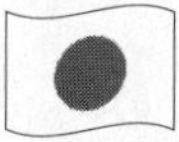

〈日本〉は統計がないが…　（本当？）

2012年の事故総件数：**690万件**

（損害保険業界全体）

保険会社が支払った保険金総額：**1兆9000億円**

車両保険の平均支払額：**24万円**

1兆9000億円 ÷ 24万円 = 792万件　（業界統計に近い）

日本における車1台の平均走行距離：**2万km**

日本の車の台数：**7500万台**

7500万台 × 2万km ÷ 690万件
= 22万kmに1件の事故発生率

↓

マクロ統計では数字のケタが合っていることがまず重要。
結論：グーグルの自動運転技術は投資や事業化に値する！

自動運転車と日米の自動車事故発生率の推計比較

車保険の保険金は1兆9000億円ほどになります。最も件数が多い車両保険の平均支払額は約24万円となっています。自動車を持っている人なら、車両保険の平均支払額が24万円というのはしっくりくる数字でしょう。保険金額1兆9000億円を24万円で割ると、792万件という数字が計算されます。ケタは合っていますから、この数字は間違いないと判断してOKです。

事故の発生件数が分かったところで、次に必要なのは自動車の走行距離と台数です。国土交通省の統計から、自動車の数は約7500万台で、このうち自家用車は年間約1万キロ、業務用は年間約6万キロ走っており、業務用と自家用の台数比率を加味した平均走行距離は2万キロとなります。これを先ほどの事故件数の数字に適用すると、日本では22万キロに1件の割合で事故が起こっていると計算されました。

これはアバウトな計算ですが、大事なことはおおよその数字が合っていることです。米国の50万キロあたり1件という数字とケタ違いというほどではありませんから、これらは参考値として使っても大丈夫なものだと判断できます。

こうしたマクロ的な統計ではケタが合っていることがまずは重要です。

グーグルの自動運転車は21万キロに1回の事故、米国全体では50万キロに1回の事故、日本では22万キロに1回の割合で事故が発生しています。グーグルの自動運転車の事故率は米国に比べれば高いですが、まだ実験中ということを考えると、それほど危険とは言えなそうです。

客観的に見た場合、グーグルの14件という結果はそれなりの好成績といってよいでしょう。実験段階でこのレベルの成果を上げていれば、実際に自動運転が実用化された時には、平均的な事故率を下回っているかもしれません。

自動運転に関する投資やビジネスを考えている人が、この事故のニュースを聞いた時、理数系のセンスがあるのかないのかで、その後の行動が大きく変わる可能性があります。もし14件という数字に過剰反応してしまった場合には、やはり危険だから普及しないのではないか、少し様子を見ておこうという判断になるかもしれません。

しかし、数字で比較した場合、14件という回数はそれほど危険な数値とは判断されません。数字を重視すれば、投資や事業はそのまま進めて大丈夫でしょう。

重要なのは、ある情報を知らされた時に、言語の持つニュアンスだけで状況を判断しないことです。言葉の持つ響きに惑わされず、数字を使って検証を行います。ピッタリくる統計データが存在しなくても、おおよそ合っていればよいという感覚で推定を実施するわけです。

L

金融工学を利用すれば株価は予想できるのか

——ランダム・ウォーク理論

理数系のセンスとお金との関係といえば、やはり投資理論・金融理論でしょう。最近は金融工学の発達で、数学的・物理学的手法を駆使した投資理論が数多く登場しています。実際、こうした手法を用いるヘッジファンドでは、多数の理数系出身者を採用しています。金融工学的な投資理論の本を読むと、数式のオンパレードですから、この分野が苦手な人は、「アッチ系の話は分からないから」とサジを投げているようです。

こうした新しい理論の中核となっている金融工学ですが、実は、金融工学を勉強したからといって投資で勝てるようになるわけではありません。**なぜなら金融工学から得られる結論は、自分だけが他人を出し抜いて、投資で利益を得るのは不可能というものだからです。**

したがって金融工学の成果を100％受け入れている人は、投資などやってもムダと諦めることになります。せいぜい、日経平均など指数連動型の商品で手堅く運用するということになるでしょう。

しかし現実には、より積極的に投資をしようという人の方が圧倒的に多く、そうであればこそ数多くの投資ファンドが存在します。つまり、投資というのは金融工学にどれだけ不備があるのかを自分のお金を使って試す行為と言い換えることができます。その意味で、金融工学がどこまでをカバーしていて、どこまでをカバーしていないのかについて理解することは非常に重要です。

ジョージ・ソロス氏とウォーレン・バフェット氏は、世界でもっとも有名な投資家ですが、両名ともかなり高尚な哲学的思考を持っています。ソロス氏に至っては、もともと哲学者志望でした。

当然ですが、両名ともに金融工学についても極めて深い見識を持っています。しかし、彼等が行っている投資活動は、金融工学の成果をいかに否定するのかということと同じです。逆説的ですが、金融工学の知見は反面教師として大事なのです。

□投資理論を大雑把に分類すると

世の中には、実に多くの投資理論が存在します。冒頭で触れたような金融工学を駆使した最先端のものから、経験則に基づいたもの、さらには都市伝説的なレベルのものもあります。

これらの投資理論は極めて多岐にわたっており、単純に分類できるものではないのですが、おおよそ以下の二つの対立軸で整理することができます。

①株価の動きに法則性があるか
②市場の効率性をどう考えるか

投資理論における最大の対立点は、①で提示されている、株価の動きに法則性があるのか、つまり株価を事前に予測できるのかという部分です。

投資理論の主要な分野の一つに**テクニカル分析**というものがあります。テクニカル分析は、株価に法則性があると考え、過去の株価の動きから、将来の動きを予測するというものです。株式関連の書籍や投資サイトでよく見る株価チャートを使った分析は、典型的なテクニカル分析です。

テクニカル分析で重要なことは、過去の株価の値動きから、将来の株価を予測できるとの立場に立っていることです。

一方、これとは正反対の立場に立つ考え方もあります。株式投資ではテクニカル分析と並んでよく使われているファンダメンタル分析の手法は、基本的に株価の細かい動きを予測できないという立場に立っています。したがって、ファンダメンタル分析では、原則として企業の業績予想のみを行い、そこから得られる理論的な株価を提示するだけです。

また、仕手筋など特定の勢力によって市場がコントロールされているという立場に立つ投資家もいます。彼等は市場は人為的に動かされていると考えますから、広い意味では、これも株価に法則性がないとする立場の一つでしょう。こうした中で、もっとも厳密に株価を予測できないとする立場に立つのが金融工学です。

金融工学の中核となっている理論の一つに**ランダム・ウォーク仮説**と呼ばれるものがあります。

ランダム・ウォーク仮説は、株価の動きは基本的に無作為（ランダム）であり、事前に予測することは不可能であるというものです。株価の動きは短期的に見ると、物理学における分子の振る舞い（ブラウン運動）に非常によく似ているので、この理論を株価の分析に応用したのです。

株価の動きが無作為ということは、次の株価は、前の株価と相関性がないということです。つまり、次の株価の動きを、前の株価の動きを見て事前に予測することは不可能という結論になります。そうなってくると、株価の動きを予測できるとするテクニカル分析の理論と真っ向から対立することになるわけです。

投資理論のもう一つの対立軸は、②の市場の効率性についてです。これは、市場は完璧なものであり、不備が一切存在しないものなのか、それとも市場には欠陥があるのかという論争と言い換えることができます。

ランダム・ウォーク仮説と並んで、金融工学の基礎をなす理論の一つに、**効率的市場仮説**というものがあります。効率的市場仮説とは、経済学者の**ファーマ**（1939〜）が提唱したもので、市場は基本的に「利用可能な情報をすべて反映して価格が形成される」とする考え方です。

市場が効率的だと仮定すると、過去の株価や財務情報など、すべての情報が即座に反映されて株価が形成されることになり、過去の株価は将来の株価にまったく影響を及ぼさないことになります。さらに言えば、現状の財務状況とこれをもとにした将来の見通しについても、合理的に期待が形成されるはずです。このため、割安な銘柄が放置されている可能性はほとんどなく、財務情報をスクリーニングするといった作業もムダであるという結論に至ります。

効率的市場仮説を強く信じる投資家にとっては、テクニカル分析はもちろん、ファンダメンタル分析も意味をなさなくなり、インデックス投資以外に適切な投資方法はないという結論になるわけです。

以上を整理すると、株価に法則性があるのかという部分において、見解の相違があり、さらに株価に法則性はないとする立場の人の中で、今度は、市場が効率的かどうかで見解の相違があるという図式になります。

□株式投資とは大魚を狙うもの

株価に法則性があるとする立場はテクニカル分析ということになります。株価に法則性はないものの、市場は効率的ではなく、至るところに不備があり、儲けるチャンスが転がっているとするのがファンダメンタルということになるでしょう。

ファンダメンタルの立場に立てば、市場が形成する期待はしばしばミスを犯しますから、市場の間違いが修正されるまでの間に行動すれば、他人を出し抜いて自分だけが儲けることが可能となります。

先ほど例に挙げた、ウォーレン・バフェット氏やジョージ・ソロス氏など著名な投資家の多くは皆、この立場に立っています。ソロス氏はかつて、英国政府の介入によってポンド価格が吊《つ》り上げられていると考え（実体価格との乖離があると考え）、大規模なポンド売りを行って大きな利益を上げました。

株価の動きを学術的に検証すると、短期的にはほとんどのケースでランダム・ウォークになっています。したがって金融工学で提示された理屈はおおよそ正しいように見えます。しかし、ランダム・ウォークにはなっていないケースもあり、そこには人よりも儲けるチャンスが転がっていることになります。

最終的には、人より高い投資成績を上げるというのは理論的に不可能ではないものの、現実にはかなり難しいという結論になるでしょう。

安定的に利益を上げたければ、金融工学に従って、無理をせず、日経平均などインデックスに投資をするのが最適です。しかしそこから得られる利益は平均的水準にとどまってしまい、大儲けというわけにはいきません。

わざわざ大きなリスクを取って株式投資を行っているのに、うまくいっても大して儲からないというのはナンセンスです。リスクがあっても、大きく利益が得られる可能性に賭けてみるというのも合理的な選択といえますし、実際、筆者もそうして利益を上げてきました。しかし、これには一定のリスクを伴うということも、よく理解しておく必要があるでしょう。

LEARNING

［ブラウン運動］
溶媒中に浮遊している微粒子が、不規則にジグザグ運動する現象。熱運動する溶媒分子の不規則な衝突によって引き起こされる。ブラウン運動の発見によって、原子や分子の存在を証明する道筋が開かれた。

L

直感できないことも理解する数学の使い方

――アインシュタインの相対性理論

理数系のセンスを身につけていると、直感で理解できないことでも、数式やモデルとして成立していれば、そのまま受け入れることができるようになります。

時として世の中は、身近な直感とは異なる動きをすることがあります。直感とは異なる事象を排除してしまうと、せっかくのビジネスチャンスをモノにできません。その意味でも、理数系のセンスは身につけておく必要があるのです。

近年、世界の突出した億万長者の多くが、IT系企業の創業者となっています。マイクロソフトのビル・ゲイツ氏やグーグルのラリー・ペイジ氏とセルゲイ・ブリン氏、テスラモーターズ（現テスラ）のイーロン・マスク氏やアマゾンのジェフ・ベゾス氏などはその典型でしょう。

彼等は単にITオタクでプログラミングがうまかったのでここまでの成功を収め

たわけではありません。彼等に共通しているのは、**ITを通じて、世界をコントロールしようという一種の野心であり、その背後には、統一された法則で世の中を説明したいという、理数系的なセンス**が大きく関係しています。ベゾス氏はもともと物理学志望でしたし、マスク氏は実際、高エネルギー物理学を専攻していました（学校には2日しかいなかったそうですが）。

ビジネスの世界においては、単にプログラミングができるかどうかということよりも、むしろこうした理数系のセンスの方がずっと大事です。逆に考えれば、こうした理数系的なセンスがあれば、いろいろなことに応用できるのです。

□アインシュタインも納得できていなかった？

理数系に関する話の中で、私たちの直感ともっともかけ離れた概念の一つとなっているのが**相対性理論**です。

相対性理論は、**アインシュタイン**（1879〜1955）という物理学者が編み出した、現代物理学の基礎となっている理論です。アインシュタインと相対性理論という名前だけであれば、ほとんどの人が耳にしたことがあるのではないかと思います。

相対性理論で示されている世界観は、私たちの常識ではまったく理解できないものです。ごく簡単に言ってしまうと、一定速度で動いているモノの長さや、そこでの時間は、動いていない人から見ると、長さが短くなったり、時間の進みが遅くなるというものです。

ここで重要なのは、この現象はどちらの側から見ても成立するという点です。たとえば、静止しているAさんと走っているBさんがいるとします。BさんはAさんから遠ざかっているので、Aさんから見た場合、Bさんの時間の進みはAさんよりも遅くなります。

しかし、Bさんから見れば、Aさんもやはり遠ざかっているように見えます。すると、Bさんから見た時、Aさんの時間の進みは、やはりBさんよりも遅くなっているのです。この二つが同時に確認されるということになると、異なる時間の進み方が同時に存在していることになります。

こんなことは常識的にはあり得ません。これを書いている筆者も、まったく理解することができませんし、納得することもできません。では、これを編み出したアインシュタインは、時間の進み方が状況によって異なるということを理解できていたのでしょうか。

もちろん、アインシュタインに直接この話を聞いた人でもなければ、確かなことは分かりません。しかし、アインシュタイン自身も、この理論について、おそらく納得できていなかったでしょう。

ではアイシュタインは、自分でも納得できない理屈をなぜ編み出すことができたのでしょうか。それは、**直感によるバイアスを排除し、論理的、かつ徹底的に物事を考えるという作業を実行できたから**です。

□相対性理論は演繹と帰納の見事な教科書

相対性理論は、いついかなる時も、光の速度は同じに観測されるという現象をもとに、どのような手段を使っても光の速さを超えることはできないという仮説（光速度不変の原理）を立てることで導き出されました。この実験結果や仮説は常識で考えるとおかしな話です。

たとえば、時速100キロの電車から前に向かって野球のボールを時速100キロで投げれば、そのボールは時速200キロになります。これは当たり前のこととして理解できるでしょう。今度は、時速100キロの電車から懐中電灯で光を前方に発射すると、その光は、光の速さ+時速100キロになっているはずです。しかし実際に観測を行うと、それは光の速さにしかなっていません。つまり、常識ではあり得ないことなのですが、実験結果は光の速さを超えることはできないことを示しているわけです。

普通の人なら、実験のやり方が間違っていると考えるでしょう。しかしアインシュタインはそうは考えませんでした。何度やっても同じ結果が出るなら、その実験は正しいと考え、光速度不変の原理という仮説を立てました。そして、その仮説が成立しているという前提で、これまでの物理学の法則にすべて、この仮説を当てはめていったわけです(たとえ、そこから得られる結果が非常識でメチャクチャなものであってもです)。

ちなみに、速さというのは距離(長さ)を時間で割ったものです。光の速さをどうしても超えることができないということであれば、速さが速くなればなるほど、長さが短くなるか、時間が長くならないと、辻褄《つじつま》が合わなくなります。その結果として、動いているものの長さは短くなり、時間の進みは遅くなるという結論を導き出しました(ローレンツ変換)。

非常識な結果ですが、これをあらゆる物理法則に当てはめた結果、有名な$E=mc^2$という式が導き出され、原子爆弾が作れることを予言する状況となったのです。

実際に、この計算式の結果とまったく同じエネルギーを持つ原爆ができ上がったことで、アインシュタインの式は合っていると解釈せざるを得ない状況となりました。

大事なことは、**常識では理解できなくても、一つの仮説をもとに、常識というワナに惑わされることなく、その論理を組み立てていったこと**です。

仮に非常識な内容だったとしても、得られた結果が、実験結果と符合したわけですから、その過程は正しかったとみなされます。つまり、アインシュタインは、一つの仮説をもとに徹底的に「演繹《えんえき》」を行い、大きな成果に結びつけたわけです。

しかも最初に立てた仮説は、複数の実験結果が同じだったことが根拠ですから、これは「帰納《きのう》」によって得られたものです。アインシュタインは帰納法によって得られた仮説をもとに、徹底的に演繹を行い、真理にたどり着いたことになります。

帰納と演繹については次に解説しますが、これらは、私たちが物事を考える上で、非常に重要な思考法です。帰納法と演繹法はどちらか一方に偏ってはダメです。両方をうまく使いこなせないと、その真価を発揮しません。相対性理論は、帰納と演繹をフル活用した、これ以上はない教科書といってよいものなのです。

いくら論理が大事だといっても、言葉だけに頼っていると、人は感情に揺さぶられてしまい、思考を進めることができなくなります。

理数系のセンスが身についていると、「とりあえずよく分からなくても数学のように淡々と処理していく」ことができるようになりますから、こうした論理の組み立てに威力を発揮することになるのです。

LEARNING

〔原子爆弾〕

質量とエネルギーは等価という相対性理論を応用した兵器。ウラン235などを原子核分裂させると、分裂後に出来た物質の質量が、分裂前の物質の質量よりもごくわずかに小さくなる。両者の差分が爆発のエネルギーとなる。

L

演繹法が得意な人はお金持ちになりやすい

――演繹法と帰納法

前の項ではアインシュタインの相対性理論が、帰納法と演繹法のモデルケースであることを説明しました。ここではもう少し詳しく、帰納法と演繹法について説明したいと思います。この両者を使いこなせるようになることは、資産家を目指す人にとって非常に重要だからです。

□子供でも本能的に使っている帰納法

帰納法とは、複数の事柄を観察して、共通項を見つけ出し、それを一般的な法則に落とし込むという考え方です。

たとえば、お金持ちに関する振る舞いを書いた本をたくさん読むと、多くの書籍において、「お金持ちの人は時間をムダにしなかったのでお金持ちになれた」という記述を目にします。複数のケースにおいて、時間をムダにしないことでお金持ちになったということであれば、「時間をムダにしなければお金持ちになれる」という法則が成立するのではないかと考えることができます。これが帰納法です。

帰納法は多くの人にとって馴染みやすい考え方でしょう。市場の分析などにおいても帰納法はよく用いられますから、意識しなくても日常的に帰納法的な考え方を用いているケースは少なくありません。

帰納法による説得は小さい子供でも本能的に実践しています。子供が親にオモチャをねだるときには、「ケン君も持っているし、ユミちゃんも持っているし、コウイチ君も持っている」といって説得するでしょう。これはまさに、帰納法によって話を一般化しようとしているわけです。一方、演繹法はこの逆の思考法です。

演繹法は「AならばB」「BならばC」という形に、論理をつなぎ合わせていき、最終的な結論に至る方法です。たとえば「人間は皆、必ず死ぬ」という論理があり、「私は人間である」という論理があるとすると、その先には、「私は必ず死ぬ」という結論が得られることになります。

先ほどの「時間をムダにしなかったのでお金持ちになれた」という話を例に取ると、

もしこの話が本当であれば、以下の流れが成立します。「時間をムダにしないとお金持ちになれる」→「私は時間をムダにしていない」→「私はお金持ちになれる」という理屈です。

□演繹法はお金を生む発想法

私たちが市場を分析したり、ビジネスプランを考えたり、あるいは投資対象を考える際には、意識していなくても、帰納法と演繹法を使っています。これをもっとはっきりとした形で扱うことができるようになれば、物事の分析や判断の水準が飛躍的に向上するでしょう。

筆者はこれまで数多くの資産家と接してきましたが、彼等は総じて、こうした論理的な思考を得意としています（本人は帰納法と演繹法という言葉を知らないケースもありましたが、概念はしっかり身につけています）。特に顕著なのは演繹法に関するスキルです。

帰納法は非常に馴染みやすい方法ですから、先ほどの例のように、小さい子供でも意識せずに使っています。また暗記を中心とする日本型の受験勉強では、帰納法的なトレーニングが中心となりますから、多くの人が自然と帰納法を身につけています。

しかし、演繹法は人によってその習得レベルに差があります。**多くの人が帰納法だけを得意としている中、演繹法も併せて身につけている人は非常に有利な立場に立てるわけです。**

帰納法は先ほどのアインシュタインの例のように、大きな成果につながる意外な結果をもたらしてくれることもありますが、得られる結果の多くは、当たり前で常識的なものです。常識的な分析結果からは常識的な行動しか生まれないのは容易に想像できるでしょう。

しかし、人よりも大きな資産を作るためには、他人にはないユニークな発想が必要となってきます。その点では、演繹法をうまく活用できる人の方が、こうした発想がしやすくなります。つまり、お金持ちの人は、演繹法が得意だったことから、経済的に成功した可能性が高いと考えられるのです。

□カラスが黒いことを証明せよ

帰納法と演繹法を扱う際にはいくつか注意しなければならないことがあります。この部分で失敗すると、せっかくの手法も意味をなさなくなってしまうでしょう。

帰納法においてもっとも大事なのは、サンプルとして取り上げる事例の質です。取り上げるサンプルの数が少なすぎたり、偏ったものになっていると、そこから導き出される一般論は全体を反映しなくなってしまいます。特殊な例だけをサンプリングしてしまっていないか、常にチェックする必要があるでしょう。

マスメディアが行う世論調査などでは、よくこうしたサンプルの質が問題となります。世論調査は無作為に抽出した電話番号によって行われることが多いのですが、日中に電話に出てアンケートに答える人が、果たして統計的に偏りがないのかという点については、常に議論の対象となっています。

これはネットを使った市場調査でも同じことが言えます。特定サイトを用いた調査の場合、偏りのないサンプリングができているのか確実ではないケースがあります。いわゆる市場調査の類いはほとんどが帰納法によるものですから、こうしたバイアスが存在していないかをチェックすることは非常に大事なことなのです。

帰納法が本当に科学的な手法なのかについては実は論争があります。

オーストリア出身の英国の哲学者**ポパー**（1902〜1994）は、自著の中で、帰納法は科学ではないと断定したことで有名です。これは「すべてのカラスは黒い」という話に集約されています。

たとえば10羽の黒いカラスを見つけてきて、帰納法的に「すべてのカラスは黒い」という結論を出したとしても、それはカラスが黒いことの証明にはなりません。世の中のすべてのカラスを集めることは不可能であり、白いカラスが存在する可能性がゼロではないからです。したがって、本当の意味で科学的であるならば、反証できる余地が残っていてはならないとポパーは主張しました。

この話はかなり極端ですが、帰納法が持つ曖昧さをよく表しています。**帰納法で得られた結論はあくまで推測ですから、その結果の扱いには注意が必要でしょう。**ポパーはこうした厳密性を重視しており、同じような文脈で、第V章で解説しているクーンのパラダイム論についても厳しく批判しています。

ちなみに、かつては哲学者を志望していた投資家のジョージ・ソロス氏は、ポパーの信奉者として知られており、彼の投資理論には演繹法がフル活用されています。

演繹法においては、適用する前提の普遍性が非常に重要となります。

先ほどの「時間をムダにしないとお金持ちになれる」→「私は時間をムダにしていない」→「私はお金持ちになれる」という流れでは、「時間をムダにしないとお金持ちになれる」という前提が普遍的である必要があります。このケースでは、複数のお金持ち関連書籍から帰納法を使って導き出した結論ですから、それなりに普遍性が高いと想定することが可能です。

しかし、この部分に「細かいことなど考えずに、お金をバンバン使えばお金持ちになれる」という、ある富豪の言葉を当てはめてみた場合はどうでしょうか？

この前提はあくまで、その富豪の人にだけ当てはまるものであって、全員に当てはまるとは限りません。つまりこの前提の普遍性は低いということになります。

演繹を行うにあたって、このように普遍性の低い前提を適用してしまうと、時に大きな間違いを犯してしまいます。演繹法を使うときには、用いる前提に普遍性があるのかを常にチェックする必要があるでしょう。

□先行者はいつも無敵なのか

もっとも、投資やビジネスで大きな成果を上げる決断は、当たり前にあるような話ではない可能性が高いと考えられます。したがって、演繹で用いる前提も、どこまで普遍性があるのか不透明なことも多いでしょう。

自分が使おうとしている前提がどの程度普遍性があるのかを推定できる能力が、演繹法の成否を分けそうです。

たとえば、ネット上の予約サービスの今後について考察するケースを考えてみましょう。ネットからレストランやホテルを予約するサービスの一つに「一休」というものがあります。一休は、パソコンがネット接続の中心だった時代に一気にシェアを獲得したサービスで、2015年、IT企業のヤフーに高額で買収されました。

普通に考えれば、すでに高い知名度がありますから、スマホが普及してくれば、一休もスマホ・サイトを立ち上げることで、既存の高いシェアをそのまま維持できるという判断になるでしょう。つまり、スマホ時代になったからといって、一休と正面から争うようなビジネスには参入しない方がよいという経営判断が成立します。

一方で、スマホの利用者とパソコンの利用者は属性が異なるので、スマホ専用のサービスを新しく立ち上げれば、一休と競争できるという考え方もあります。ここでの前提は「あらゆるサービスにおいて、パソコンの利用者層とスマホの利用者層は異なる」ということになります。

もしこの前提が普遍的だと思えば、一休という先行者がいても、スマホでの競合相手がいなければ、迷わずこの分野に参入すべきです。逆にこの前提があまり普遍的でないという場合には、参入しない方がよいという結論になるでしょう。

どちらが正しいのかは、多数のケースが存在するわけではありませんから帰納法で確認することはできません。限定された情報をもとに、最後は自分自身で判断するしかないのです。

LEARNING

［カール・ポパー］

科学と疑似科学の違いについて徹底的に追求した科学哲学者。反証できないものは科学ではないとして厳しく批判した。政治的な発言も多く、著書『開かれた社会とその敵』において、非民主的な全体主義や共産主義を強く否定した。

CULTURES OF CHAPTER

III

■理数系のセンスを磨き、感情的な判断ミスを減らす

■言語のニュアンスでゆがめられた情報・数字を鵜呑みにしない

■リスクがあっても、大きな利益に賭けてみるのが資産形成では合理的

■帰納法と演繹法を使い分けると、真実を得られる可能性が高まる

■演繹法では、用いる前提に普遍性があるのかを常にチェックする

第 Ⅳ 章

稼ぐ脳を加速するための
情報工学

INFORMATION ENGINEERING

L 皆の言っていることは案外正しい

――集合知の理論

今の時代は、あらゆるビジネスがＩＴ（情報技術）と密接に関係するようになっています。ＩＴについてあまり関心のない人でも、ＩＴに関する教養が資産形成において有利に働くことを実感していると思います。

しかしながら、単にパソコンやタブレットなど、ＩＴデバイスの操作が得意だったり、プログラミングの知識があるというだけでお金持ちになることはできません。これらを身につけていることはそれなりに重要かもしれませんが、ＩＴに関する実務的なスキルの一つに過ぎないからです。

大事なのは、ＩＴに関する教養を身につけることです。ＩＴに関する教養は、ＩＴとはどんなものなのかを本質的に理解できる能力と言い換えることもできます。これは、いわゆる文系・理系とはあまり関係のない話と思ってよいでしょう。

□報道よりも先に事実を知ることができた理由

ＩＴに関する教養の一つに**集合知**という概念があります。これを分かりやすい文章で言ってしまうと、「**皆が言っていることは案外正しい**」といった意味になります。要するに皆の意見を聞くことが重要だと言っているわけです。

この話を聞いて、そんなことは当たり前だろうと感じる人が多いと思います。筆者も直感的にはそう思いますが、実は必ずしもそうではありません。皆が言っていることが正しいことであるためには、ある条件が成立している必要があるからです。**それは意見の多様性と独立性が担保されていることです。**

いくら皆の意見であっても、それが一つの情報源から得た情報がもとになっていたり、同じ組織など、同調圧力がある中で形成された意見ではまったく意味がありません。それぞれの立場の人が、独自の情報をもとに考えた意見を多数組み合わせていくと、不思議なことに正しい結論が導き出せるというのが、この集合知の原理です。

この考え方は、学術の世界で優れた研究者を見つけ出す手法の一つとして確立しています。発表した学術論文を引用される回数が多い人は、優れた研究を行っている可能性が高いというものです。学者は基本的に自らの知識や価値観に基づいて独自の判断をする傾向が強いですから、論文の世界は集合知が成立しやすいわけです。

株式市場にも同じようなメカニズムが見られます。

1986年に起きたスペースシャトル「チャレンジャー号」の事故は、株式市場が持つ集合知のおかげで、正式な報告書が出るよりもはるか以前に、市場関係者は事故の原因を推測することができていました。事故直後、原因がまったく特定されていない段階から、ガス漏れを起こしたリングを製造している会社の株だけが下落を始めていました。報道でこのリングが問題だと指摘された時には、株価はすでに大幅に下がった後だったのです。

株式市場、特に米国の株式市場はグローバルですから、不特定多数の参加者が独自の情報源をもとに取引に参加しています。これによって、意見の多様性と独立性が担保されたものと考えられます。

集合知の話がなぜ、ITの教養に関係するのかというと、私たちが日常的に使っている検索エンジンがこの考え方をもとに設計されているからです。

検索エンジンで、あるキーワードを検索すると、そのキーワードに関連したサイトが表示されます。そこでサイトの表示順を決定するアルゴリズムに、この集合知の考え方が応用されています。

検索エンジンでは、多くの人からリンクを集めているサイトには、正しいことが記載されている可能性が高いという仮説から、相互リンクの数が多いサイトの表示順位が上がる仕組みになっています。もちろん、それだけで優先順位を決めているわけではありませんが、こうした考え方は検索結果に相応に反映されています。

こうした理屈を知っているのと知らないのとでは、検索エンジンに対する接し方が変わってきます。**お金持ちになれる人は、検索エンジンのアルゴリズムを理解した上で、検索エンジンにキーワードを入力します。**何も考えずにキーワードを入力しているだけでは、よい成果は得られません。

検索エンジンに表示されるサイトの順位は、入力されたキーワードについて、多くの人がどのように考えているのかで決まることになります。大事なのは、皆がそう思っているということです。

これは経済学の章で取り上げたケインズが主張する「美人投票論」に似ています。相場師でもあったケインズは、株式投資は美人投票だと説明しました。美人投票で勝つためには、自分が美人と思う人に投票してはダメで、皆が美人と思う人に投票しなければならないという理屈です。株も同じで、自分が上がると思う銘柄ではなく、皆が上がると考えそうな銘柄に投資しなければならないということになります。

検索エンジンの結果も同じで、皆が重要と思っているので、検索結果で上位に来ているわけです。実際に重要なのかは保証の限りではありません。

本当に重要な情報なのかについて確かめるためには、キーワードを変えて検索を行ったり、検索の条件を変更して何度かトライしてみることが重要です。条件を変えて入力しても、同じような結果が得られれば、その話はおおよそ正しいと考えてよいでしょう（ちなみにこの方法は帰納法です）。仮に間違っていたとしても、ネット上にはそれ以外の情報が存在していないことを知ったという点で有益です。

逆に考えれば、キーワードの設定や組み合わせを工夫すれば、普通の検索で埋もれていた情報を自分だけが閲覧できるという可能性もあります。ネットでビジネスのネタやお金儲けのネタを探すときは、単純な検索だけで済ませず、条件やキーワードを変更して（類似の言葉に置き換えるなど）何度か検索を実施することをお勧めします。

筆者もこの方法で人よりも早く有益な情報を手に入れて、仕事に活用することがよくあります。

□真実は人の手で捏造される可能性がある

ネットにおける「真実」が、多くの人の意見で決まるのだとすると、ネット上に、本当の意味で正しい情報が掲載されるのかは、サイトに情報をアップしている一人一人の力にかかっていることになります。

この点で最近筆者は少し気になっていることがあります。このところネットを検索していると、日本語空間における有益な情報が減っているという印象を持つことがあります。同じことを調べるのに、日本語では似たような情報ばかりが検索で引っかかり、欲しい情報が見つかりません。仕方なく英語でキーワードを入力すると、比較的容易に必要な情報に到達することが多くなっている気がするのです。

言語には文化的な背景がありますから、英語圏で豊富な情報と日本語圏で豊富な情報に違いがあるのは当然のことです。

そこで筆者は、ソフトウェアの操作方法などグローバルに共通となっているテーマについて検索を実施してみました。あらゆる分野で試したわけではありませんが、日本語ではよい情報を見つけることができず、英語で入力すると、欲しい情報にアクセスできるというケースが、たびたびありました。

先ほど解説したように、正しい集合知が成立するためには、他人に影響されない独自の情報を、独自にアップする人々の存在がカギとなります。

しかし、ある事柄について、Twitterのリツイートのようにネットの参加者が独自の情報をアップせず、誰かがすでに公開した情報をコピーしたものばかりになっているとしたらどうでしょうか。ネットには同じ情報ばかりが溢《あふ》れてしまうことになり、情報の多様性や独立性が薄れてしまいます。もし、コピーされている情報が正しくなかった場合、ネット空間にはウソの情報しか流れないことになります。

日本語空間がそうなっているのかは分かりませんが、**集合知を前提とするネット空間では、情報の出し手（つまりネットの参加者）の意識が低いとそういった結果に陥る可能性が高いわけです。**

これはかなり前から危惧されていたことですが、ネットが完全に社会のインフラとして定着した今、この問題の重要性はますます高まっています。ネットは非常に便利な存在ですが、一方、その言語空間における参加者の知的能力が問われてしまうという、恐ろしい存在でもあるわけです。

L フラット化する世界のビジネスで勝つ秘訣

——水平分業の理論

ＩＴの世界における独特な考え方の一つに、**水平分業**というものがあります。もともとソフトウェアの仕組みから発達した考え方ですが、それはソフトの世界だけにとどまらず、産業構造全体に及んできています。日本企業は優秀な技術を持っているにもかかわらず、最近は国際的な競争力をなくしています。その原因の一つとして考えられているのが、水平分業に対する感覚の欠如です。

□お互いを知らない方がうまくいく

現代のソフトウェアは、それぞれの役割ごとに階層構造になるように作られています。スマホを例に取ると、インターネットとの接続などを担当するＯＳ（基本ソフト、たとえばアンドロイドなど）と、個別のアプリは別々に作られており、OS側は個別のソフトの中身を知りませんし、アプリ側もOSの中身を知りません。

アプリ側がインターネットに接続して情報を取得したい場合には、OS側にインターネットに接続して情報を取ってきて欲しいと、あらかじめ決められたルールで依頼するだけです。相互の依頼を仲介する部分をインタフェースと呼びますが、アプリの開発者や基本ソフトの開発者はお互いの中身を知る必要はなく、インタフェース部分でやり取りされる共通言語さえ知っていればよいのです。

なぜこのような構造になったのかというと、ソフトウェアの規模が大きくなり、一つのソフトウェアですべての機能を実装するのが難しくなったからです。それぞれが得意分野に特化し、お互いの中身を知らない方が、かえって効率よく開発できたり、動作させたりすることが可能となります。

これを階層化、あるいは抽象化と呼びます。

ITの世界は、あらゆる分野において、階層化・抽象化が行われており、役割分担が徹底しています。誰も統括して仕組みを管理していませんから、この状態を不安に感じる人もいます。

しかし現実には、無理して中央集権的に開発や制御を行うよりも、この方法を使っ

た方が、大規模なシステムの動作はうまくいくのです。

こうした概念はＩＴの世界を理解し、ＩＴ的な教養を身につける上で重要です。

□テスラが日本メーカーに先行できた理由

階層化や抽象化の概念はソフトウェアの世界だけにとどまらず、ハードウェアやビジネスモデル全般にも及んでいます。こうした感覚に対する親和性は、現代のビジネスや投資に欠くことができないものとなっているのです。

電気自動車では世界の最先端を行くテスラモーターズ（現テスラ）という会社があります。電気自動車のキモとなるのは、電力を貯め込んでおくバッテリーなのですが、テスラはバッテリーの世界にもＩＴ的な価値観を持ち込み、大成功しました。

電気自動車を高速で走行させるための高性能バッテリーを開発・製造するのはたいへんなことです。下手をすると爆発事故にもつながりますから、慎重なスタンスが要求されます。

実はバッテリーの技術は、これまで日本企業の独壇場といわれてきました。手先が器用な日本人は高性能なバッテリーを開発するのが得意だったのです。日本企業も電気自動車がブームになることは知っていましたから、各社とも高性能バッテリーの開発を行っていたのですが、なぜか、バッテリーについては大した技術を持っていない、できたばかりの新興企業にリードされてしまいました。その理由は、IT的な考え方の有無にあります。

日本メーカーは、電気自動車専用の大容量で高性能なバッテリーをゼロから開発しようとしました。一方、テスラは、すでにある乾電池を何千個もつなげればよいと考えたのです。当たり前ですが、乾電池はこうした用途を想定していません。バッテリー全体にはかなりの電流が流れますから、たった1個の乾電池トラブルであっても、大事故につながる可能性があります。

しかし、テスラはITの考え方を応用し、たとえ乾電池がこうした用途を想定していなくても、ソフトウェアで制御することで、安全性を担保できると考えました。詳しい内容は明らかにされていませんが、テスラは数千個のリチウムイオン電池のセルを接続し、区分されたユニットごとに動きを制御。危険があれば、そのユニットごと分離するという措置をソフトウェアで行っていると考えられます。

これは抽象化や階層化というITの世界における知見がないとなかなか浮かんでこない発想です。

極めて高い技術を持ちながら、日本メーカーがテスラの後塵《こうじん》を拝してしまったのは、こうしたＩＴ的な知見に乏しかったからです（ちなみに、個々の電池セルは日本製です）。

□水平分業で組織も働き方も変わる

こうしたＩＴ的な知見は、ビジネスモデル全般にも及んできています。

製造業の世界ではかなり以前から、階層構造による分業が進んでおり、一つのメーカーが部品から組み立てまですべてをカバーするというケースは少なくなっています。アップルのｉＰｈｏｎｅは、部品を作るメーカーだけでなく、組み立て作業を行うメーカーまで分離しています。アップルは製品の開発とマーケティングだけを行っているわけです。

こうした流れは、一般的な企業にも及んできています。これまで人事や総務、経理といった仕事は、すべて社内のリソースを使って行われてきました。しかし、ネット上で仕事を発注するクラウドソーシングが発達してきたことから、自社にとってコアな業務以外は、簡単に外注できる環境が整っています。

経理業務を請け負った側は、経理業務のエキスパートなので、テキパキと仕事を進めることができます。しかし、発注した会社全体でどのような経理処理をしているのかは知る由もありません。しかしインタフェース部分がしっかり設計されていれば（つまり何をして欲しいのかがはっきり指示されるのであれば）、このやり方の方がずっと効率的で低コストになる可能性が高いのです。

情報システムも例外ではありません。

このところ米アマゾンが提供する企業向けクラウド・サービスが急激な勢いで普及しています。このサービスは、システムを時間や使用量単位で貸し出すというもので、最近では、ユニクロを展開するファーストリテイリングのように、自社の情報システムを丸ごとアマゾンに移管するケースも出てきました。

こうした一連の流れは企業における業務の階層化（水平分業化）をさらに進めることになると考えられます。企業にとってみれば、コア業務以外の階層を自社で保有する必然性が薄れてきますから、組織の形態はますますシンプルになってくるはずです。

IT的な価値観は組織の形態や働き方も変えつつあるわけです。

日本企業の多くは、教科書的な「お勉強」という意味においては、水平分業というものをよく理解しています。しかし、実際の行動は、いまだに垂直分業を基本とした形態から脱却できていません。本書では、総合的な知識や考え方が、人格や行動に結びついたものを「教養」と定義していますが、残念ながら日本企業には「知識」はあっても「教養」がなかったわけです。

ＩＴ的な価値観の浸透は、従来の形態にこだわる人にとっては脅威かもしれませんが、変化を前向きに捉える人にとっては大きなチャンスです。ＩＴ的な知見をもとに、ビジネスや投資を再構築できる人が、次の世代の勝利者となるでしょう。

LEARNING

［インタフェース］

人間と機械、あるいは機械と機械における境界面や接触面のこと。あるいは、そこで情報をやり取りする手順やルール。インタフェースの仕様をあらかじめ規定しておけば、お互いに内容を知らなくても相互接続できる。

L どうすれば圧倒的に速く仕事を処理できるか

――参照の局所性

ＩＴは情報処理に関する技術ですから、ＩＴの世界において特徴的な現象は、現実社会に応用できることもしばしばです。

□同じ情報には、再びアクセスする可能性が高い

コンピュータの中には、ＣＰＵと呼ばれるデバイスが入っています。これはコンピュータの頭脳ともいわれる部品で、中では無数の演算が行われています。演算はあらかじめ用意された何百もの命令セットを呼び出す形で実施されます。ある時、コンピュータの研究者が、どのような命令がどんな頻度で用いられているのか検証を行いました。すると、非常に興味深い結果が得られました。

ある命令を1回使うと、その直後に同じ命令を使う確率が高いということが分かったのです。このため、ある命令を実行した後は、同じ命令が実行されると仮定して、その命令をすぐに読み出せるように設計してみました。すると、コンピュータの処理速度が大幅に向上したのです。同じように、ある命令が使われると、それに近い周辺の命令が参照される確率が高いことも分かってきました。今のコンピュータは、こうした情報の持つ特徴を生かした設計となっています。

ここで、コンピュータが行う作業は人間が指示するものですから、同じ傾向が人間の活動にも観察されるのではないかという予測が成立します。つまり、ある資料を参照した直後に、同じ資料や似たような資料を参照する可能性が高いという仮説です。

この仮説を情報整理術に応用したのが、経済学者の**野口悠紀雄**氏のベストセラー『「超」整理法』（中公新書、1993年）です。野口氏は、書類は分類せず、最近使ったものを手前に置いておけば、次に取り出す確率が高いので、効率的に書類を整理できると主張しました。

実際、その通りなのですが、野口氏がこの手法を編み出すことができたのは、氏にITに関する深い教養があったからです。野口氏は大蔵（現財務）官僚出身ですので、世間のイメージ的にはいわゆる文科系なのですが、大学の専門は応用物理学で、大蔵官僚としては異色の存在でした。こうしたバックグラウンドが、超整理法の執筆に大きく影響したものと思われます。

ITの世界で編み出される手法は、いかにコンピュータを高速に動作させるかという観点で作られていますが、コンピュータはそもそも人間の頭の中の作業を置き換えるためのものですから、人が行う作業との関連性が高いのは当たり前のことです。つまりITの世界で考え出された知見は、実生活に応用しやすいわけです。

先ほどの、1回参照した資料は再度参照する確率が高いという理屈は、ネットの閲覧では日常的に使われています。

PCやタブレットでネットを閲覧すると、そのページは一旦記憶装置に記憶されます。もう一度、そのページを見に行く確率が高いからです。次にそのページにアクセスした時には、ネットを経由しないでページが閲覧できるので、高速で表示されます。私たちがストレスなくページを閲覧できているのは、こうした技術が応用されているからです。

この特徴が普遍的なものだとすると、ビジネスの現場での応用が考えられます。

高い頻度で使われる資料やデータは、いつでも誰でも使えるようにまとめておき、一度それが使われたら、すぐにそれにアクセスできるようにしておけば全体の効率は大幅に向上するはずです。

顧客からある事柄について問い合わせがあった場合には、同じような問い合わせが再度寄せられる可能性が高いと想像できるでしょう。それを前提に段取りを組む人とそうでない人との間には、長期的には大きな差がついてくるはずです。

さらには、ファイルの検索なども上手になり、資料探しに費やす時間が大幅に短縮される可能性もあります。

参照した資料を再度参照する可能性が高いということは、資料へのアクセス頻度と時間には相関があるということを意味しています。もし欲しい資料がパソコンの中で見つからなかった場合には、時系列で並べ替えをすれば、見つかる可能性が高くなります。資料を探すのが得意な人は、名前による分類や、時系列による分類など、複数のやり方をうまく組み合わせています。

ホリエモンこと、堀江貴文氏は、ＩＴに関する素養があると仕事がデキるようになる理由について、「**定型的な仕事はできるだけ自動化しようとするので、その分、全体の効率が上がるからだ**」と説明しています。

仕事の進め方が速い人は、無意識的にこうしたやり方を実践しています。まさにセンスということになるのですが、ＩＴに関する知識があれば、センスがなくても、こうした行動を取れるようになるわけです。

□スループットを上げないと意味がない

同様に計算機工学の世界では、情報処理の能力に関して二つの考え方があります。それは**応答時間（レスポンスタイム）とスループット**です。

応答時間は読んで字のごとく、一つの作業を処理する時間の速さのことを示しています。

一方、スループットは、一定時間に処理した作業の総量のことを示しています。人に与えられた時間は1日に24時間で、これは皆にとって平等です。その中で、より多くの成果を上げるためには、テキパキと仕事を進め、この24時間を有効に使う必要があります。ここで筆者は、曖昧に「有効」と述べたのですが、24時間を有効に使うというのはどのような意味なのか、よく考える必要があります。

仕事を素早く進めるためには、作業のスピードを上げるというやり方がまず考えられます。一つの作業に費やす時間を短くすればよいわけです。計算機工学においては応答速度を上げたということになります。コンピュータにおけるＣＰＵの性能を向上させたわけです。

同じ仕事を2倍の速さでこなすことができれば、成果も2倍になります。しかし、そう簡単に作業のスピードは2倍にはなりません。速さは同じでよいですから、そこにもう1人追加して2人で作業をした方が速くなる可能性もあります。

ここでは、単一の作業を想定していますが、現実には作業は数珠つなぎになっていて、ある作業が終了しないと、次の作業に移れないということがあります。ある部分で作業を高速化できても、ある部分で詰まってしまうと、そこで全体の作業は頓挫してしまうでしょう。ハードディスクを高速化しても、CPUの処理が遅いと全体の処理は遅くなってしまうのです。これをボトルネックといいます。

最終的に性能として人々が求めているのは、応答速度ではなく、一定時間に処理できる仕事の総量、つまりスループットの方です。

計算機工学では、どうすればスループットが向上するのかという観点で、最適化の設計を行っていきます。

スループットを最大化するためには、個々の作業スピードを上げることも重要ですが、何人で取り組んだ方がよいのか、仕事が詰まってしまう部分はないのか、一度にどの程度の仕事をまとめて処理するのかなど、多くの要素を総合的に考えなければなりません。
　これはまさにコンピュータ的なものの考え方なのですが、そのままビジネスに応用することが可能です。時間や作業はどの程度まとめた方がよいのか、他人の協力を仰いだ方がよいのか、どの程度、スピードは上げられるのか、これらについて総合的に考えることのできた人が、最高の成果を得られることになるでしょう。

LEARNING

［ボトルネック］
コンピュータの処理において、全体性能に制約を生じさせる隘路《あいろ》部分を指す言葉。瓶の首が細くなっていることに由来する。ビジネスにおいて、仕事が滞る原因について示す場合にも用いられる。

L

人工知能の普及で、誰が得して誰が損するのか

――機械学習の理論

近頃、ＩＴに関してもっとも話題になっていることといえば、やはり**人工知能**でしょう。人工知能の普及は、間違いなく私たちの社会を一変させることになります。変化を恐れない人にとっては大きなビジネスチャンスになりますから、人工知能の原理について理解しておくことは極めて重要です。

□人工知能は当面、学習がキモとなる

人工知能と従来のコンピュータの最大の違いは、問題の処理方法について、あらかじめ人間がプログラムで規定しておくのか、コンピュータ自身に学習させるのかという部分になります。

あらかじめ規定する方法では、人工知能の能力は、プログラムする内容にすべて依存してしまいますし、想定外の状況に対応できません。一方、コンピュータ自身が学習し、その結果に基づいて対処させれば、より高い成果を得られる可能性があるわけです（機械学習）。

人工知能に学習させる際には、正解が分かっているデータを集めるところから始めます。笑った顔を判断させるというケースでは、従来では、口が何度以上曲がっている、目が何％以上開いているなど、人間が笑顔の条件を決め、これをコンピュータに教えていました（実際はもっと複雑ですが）。しかし、人工知能の場合には、笑っている人の顔をたくさん見せることで、何をもって笑っていると判断するのか、コンピュータ自身に学習させるわけです。

しかしここで問題となってくるのは、笑いの範囲をどう捉えるかです。

同じ笑いといっても、単純に笑っている人もいれば、シニカルに冷笑している人もいますし、口元は笑っていても目が笑っていない人もいます。どのような種類の笑顔の写真を見せるのかで、人工知能の能力は大きく変わってくるのです。

笑いというものについて、単純なバカ笑いしか思い浮かばないような人が教師では、人工知能の笑いに対する理解はかなりお粗末なものになってしまうでしょう。逆に笑いというものについて、深い理解と洞察力のある人が教師になれば、人工知能の性能は飛躍的に向上するはずです。

つまり人工知能時代において非常に重要な役割を果たすのは、人工知能に教育を施す人ということになります。

この人は、コンピュータの専門家である必要はありません。むしろ、該当する分野に対する豊富な知識があり、それを体系化でき、これに加えてバランス感覚のある人が向いています。

最終的に人工知能は、学習方法そのものについても自己学習していくでしょうが、当面の間は、物事の本質を普遍化し、重要なポイントを体系化できる人が、重宝されることになるでしょう。

本書で定義しているところの教養人であれば、人工知能時代にはぴったりということになるはずです。

また人工知能が発達すると、プログラムを書くという作業も必要なくなってしまうでしょう。プログラミングがITスキルではなくなってしまう可能性も十分に考えられるのです。

□クリエイティブな仕事や給料が高い仕事の方が危ない

こうした知見を踏まえて、人工知能社会というものを想像してみると、一般に議論されている状況とはだいぶ様子が異なるということが分かってきます。

野村総合研究所は2015年12月、日本の労働人口の約半数が、人工知能やロボットで置き換えが可能という推計を発表しました。

人工知能やロボットによって置き換わる可能性が高い職種としては、一般事務員、組立工、タクシー運転手、レジ係などが列挙されています。いわゆる単純労働的な仕事がロボットに取って代わられると解釈されているようです。

一方、置き換わる可能性が低い職種としては、アートディレクター、エコノミスト、教員、介護職員などがあります。創造性が必要だったり、他者の理解や説得が必要な職種は置き換え可能性が低いそうです。

しかし現実には野村総研が予測したような結果にはならない可能性が高いでしょう。この話は野村総研のレポートがインチキだという意味ではありません。このレポートは非常によく出来ているのですが、問題は私たちがそれをどう解釈するのかという部分です。

この調査は、当該分野では先端を行くオックスフォード大学からアルゴリズムの提供を受けて実施されました。日本における各職種について、操作面、創造性、社会的相互作用などの各項目で評価し、人工知能への置き換え可能性を数値化するという手法が用いられています。

ただ、この手法に関してはいくつかの前提条件が付いていることに留意する必要があります。たとえばロボット化に伴って、それを管理する仕事が発生するといった部分は除外されていますし、ロボット化のコスト面も考慮に入れられていません。

実際には、人工知能の発達で生まれてくる仕事というものがありますから、仕事は減る一方ではありません。また、いくらロボットが便利でも人件費の方が安かった場合には、人が優先される可能性が高いですから、そう簡単に仕事はなくならないでしょう。

創造性という能力についても、基本的に人間の方が優れているという前提に立っています。しかし、適切な学習指導があれば、デザインや音楽など、創造性が必要とされる分野においても人工知能は活躍してきます。この調査結果を判断するには、こうした部分を割り引いて考える必要があるわけです。

□仕事がなくなるのではなく、能力の低い人が要らなくなるだけ

では、実際に人工知能はどのような形で普及してくるのでしょうか。

いくら人工知能やロボットが便利でも、コスト的に割の合わない仕事には適用されません。したがって低賃金で、しかも対人コミュニケーションが必要な仕事はあまりロボットには置き換わらないと判断できます。

むしろ可能性が高いのは、高い賃金で単純な知識や能力に依存している職業です。具体的には医師、弁護士、パイロット、会計士、アナリストなどです。また創造性が必要とされる分野も例外ではないということになると、ウェブサイトのデザイナーや雑誌の編集者、音楽のディレクターなども危ないかもしれません。

しかし大事なのは、こうした仕事が全部、人工知能に置き換わってしまうわけではないという点です。

先ほど、人工知能の普及に際しては、当分の間、人工知能に対する教育が重要になると説明しました。つまりすべての職種において、人工知能に対して教育する人材が必要となるわけです。また人工知能をサポート役として活用すれば、現時点で高い成

果を上げている人は、さらに高い成果を上げられるようになるでしょう。

つまり、人工知能の普及で仕事がなくなるのではなく、人工知能が普及することによって、**これまで大した付加価値がないにもかかわらず、人手が足りないという理由だけでその業界にいることができた人の仕事がなくなるだけです。**

極論すると、消滅する仕事など一つもないかもしれません。消滅するのはスキルのない人の仕事だけかもしれないわけです。

ある意味で真実はとても残酷です。特定の仕事がすべてなくなってしまうという話の方がまだマシなのかもしれません。

LEARNING

［アルゴリズム］
数学的な問題を解くための手順や解き方のこと。ＩＴの分野では、プログラムの処理手順のことを指す。一般的には、物事を分析・解決するための「やり方」といったニュアンスで使われることが多い。

L

シリコンバレーの起業家は、なぜ東洋思想にハマるのか

――鈴木大拙の仏教理論

ＩＴがもっとも盛んな街といえば、誰もがシリコンバレーを思い浮かべるでしょう。シリコンバレーは、米国カリフォルニア州のサンフランシスコ市からサンノゼ市一帯に広がる、ＩＴ企業の集積地です。

多くの人にとって、シリコンバレーは単なるＩＴの街ですが、シリコンバレーの成り立ちは実はかなり複雑です。そこには、戦争、東洋思想、ヒッピーブームなど、一見、無関係と思えるいくつかの要素が複雑に絡み合っているのです。

ＩＴという技術は、実はこうした哲学的な思考と切り離して考えることができないものです。

そうであればこそ、ＩＴは人間社会に大きな影響を及ぼし、富の形成にも深く関与しているわけです。富の仕組みを知りたければ、ＩＴが持つこうした背景を知っ

ておいて損はありません。

□ITは人間の脳を拡張する

もともとシリコンバレーは軍需企業の集積地として発達してきました。そこに1960年前後のヒッピーブームや東洋思想ブームが重なり、本来、水と油に思える軍需産業と反体制運動が奇妙に結びつき、現在のシリコンバレーを形成しました。

面白いのは、軍需企業の集積地だったシリコンバレーがなぜ、自由な雰囲気のハイテクタウンに変貌したのかという理由や過程です。

技術という一見無味乾燥なものが、実は、思想という世界に大きく影響を受けていることがよく分かります。

シリコンバレーはサンフランシスコに近く、カリフォルニア大学やスタンフォード大学といった教育機関も充実していますから、軍需企業の集積地にはもってこいの場所です。現在、パソコンのCPUでは圧倒的シェアを持つインテル社も、かつては売上のほとんどを国防総省に依存する典型的な軍需企業でした。

一方、サンフランシスコは米国の反体制運動の拠点だった街でもあり、1960

年代から70年代にかけては、ヒッピーと呼ばれる人たちが数多く移り住んでいました。アップルの創業者である**スティーブ・ジョブズ**氏もかつてはヒッピーだった一人です。ジョブズ氏が若かった頃、彼はドラッグに夢中になり、ベジタリアンとして生活していました。髪は伸ばし放題で風呂にも入らない生活でしたが、彼はベジタリアンであれば体臭がしないと固く信じており、他人が体臭を指摘しても納得しなかったそうです。

彼は終生、反体制派の歌手ボブ・ディランの熱烈なファンであったことでも有名です。ジョブズ氏は一時、アップルを追い出されていた時期があるのですが、すべてに絶望したジョブズ氏は、自室に籠《こ》もり、大音量でボブ・ディランを聞いていたという話もあります。

当時のヒッピーの中には、東洋思想に傾倒する人も少なくなかったのですが、ジョブズ氏も例外ではありません。日本人の仏教学者である**鈴木大拙《だいせつ》**（1870〜1966）が禅に関する多くの著作を英語で出版していたこともあり、仏教思想はヒッピーのカルチャーと深く結びついていたのです。

異色の起業家であるチームラボの猪子《いのこ》寿之《としゆき》氏は、仏教思想とジョブズ氏との関係について、「ジョブズ氏はコンピュータを使って人間の脳を拡張することで人類を前進させようとした」と評しています。ジョブズ氏には人間の脳とコンピュータを一体化させたいとの思いがあり、それがアップルの高いデザイン性につながったといわれています。

こうした価値観のベースになっているのが、仏教的な世界観というわけです。

□軍需企業と反体制活動は実は親和性が高い

シリコンバレーにはジョブズ氏のような反体制的でコンピュータの知識があり、東洋思想に傾倒した若者がたくさん集まっていました。

米国は体制側もさるもので、このような反体制派の若者を単純に弾圧するようなことはしません。この中で、天才的な頭脳を持つ人たちを、シリコンバレーの軍需企業を通じて囲い込み、兵器開発にその頭脳を応用させるとともに、過激な反体制活動に向かわないようにうまく監視していたのです。

その結果、シリコンバレーにある米国の軍需企業にはこうした反体制の若者が数多く在籍することになりました。反体制だった若者がやがて中高年となり、軍需企業で幹部に昇進する年齢になると、当然、自身の人生に矛盾を感じる人が出てきます。米国の映画やドラマには、彼等が人生に対して、どのように折り合いを付けたのかという苦悩を描いた作品が数多くあります。

1981年、レーガン政権が圧倒的な支持率で誕生しましたが、民主党員であるにもかかわらず共和党のレーガン氏に投票した人が多数現れたことが大きな話題となりました。そのような人をレーガン・デモクラットと呼ぶのですが、軍需企業に在籍した元ヒッピー達は、レーガン・デモクラットの典型といわれています。

自由でリベラルな現在のシリコンバレーの雰囲気は、彼等が人生に折り合いを付ける過程で形作られたものと考えられます。現在では、そこに世界中から集まった移民が加わり、さらにたくさんの価値観が混じり合う街になりました。これがイノベーションの源泉になっていることはほぼ間違いありません。

軍による兵器開発と、反戦、フリーセックス、ドラッグを主張するヒッピーは、まさに正反対のカルチャーです。しかしこの相容れない存在が、テクノロジーというものを媒介にして奇妙な融合を見せているわけです。

同じような光景はそのほかの場所でも見ることができます。アマゾンやマイクロソフト、スターバックスが本社を置くシアトルは、西海岸では屈指の軍港で、ボーイングという巨大軍需産業が本拠を構えています。

またロサンゼルスにほど近いサンディエゴもハイテクの集積地として有名ですが、ここもシアトルと並ぶ巨大な軍事都市であり、一方ではサーフィンやドラッグといった西海岸文化の拠点でもあります。

異なる価値観やカルチャーがぶつかり合うことは、イノベーションにとって非常に有益であることを、米国の複雑な都市事情は教えてくれています。

LEARNING

［ヒッピー］
1960年代の後半から70年代の前半にかけて現れた、伝統的価値観や規範を嫌い、自然回帰的なライフスタイルを信条とする人々の総称。反戦運動、フォークソング、ドラッグなどの諸文化と密接に関係していた。

CULTURES OF CHAPTER

Ⅳ

■検索結果上位の情報が重要とは限らない

■ＩＴ時代の組織は中央集権制よりも水平分業制が機能する

■個々の仕事の速さより一定時間に処理できる仕事の総量を増やす発想が重要

■人工知能は特定の職種を奪わず、能力の低い人と置き換わるだけ

■一見相容れない思想と技術が混じるとすごいイノベーションが起きる

第V章

哲学

人間と儲けの構造を見抜くための

PHILOSOPHY

L 富裕層になるには努力か？ 性格や環境か？

——唯物論と観念論

「人は、学習や経験で変わることができるのか」、それとも、「生まれ持った性格や価値観を変えることはできないのか」という命題は、いつの時代においても哲学論争の的となってきました。

単純な知識や学力であれば、人によって差はありますが、学習という行為を通じてある程度の能力向上が期待できます。しかし、基本的な性格や価値観というものは、そうそう簡単に変えられるものではありません。どんなに説得しても、理解してもらえなかったという体験は誰にでもあるでしょう。

一方で人は、周囲の環境でいとも簡単に性格を変えてしまいます。お金を持ったら、人格が変わってしまったというのは、よく耳にする話です。

社会的・経済的に成功するためには、自分自身について知ることも重要ですし、それ以上に、相手のこともよく理解しておかなければなりません。このような時にモノをいうのが、人間に対する根本的な理解です。

お金儲けは人とのコミュニケーションですから、人はどのような存在なのかを問う哲学の知識が役に立たないわけがありません。

ここではそういった観点で哲学について議論したいと思います。

□プラトンのイデア論

哲学の世界では、**唯物論と観念論**（あるいは唯心論）という対立軸があります。これは、人間の世界というものが、精神によって形作られているのか、物質によって形作られているのかという論争です。

観念論の立場では、精神が何よりも重要だと考えます。仕事のインセンティブをどう捉えるのかについても、実績を上げて満足感を得たい、仕事を通じて世の中に貢献したい、高い報酬を得たいなど、すべての人間に共通する基本的価値観が重要であり、現在置かれている環境はあまり影響しないと考えます。

一方の唯物論では、先に物質的環境があり、その影響で精神が形作られると考えます。唯物論の立場に立てば、貧しい生活を経験した人は、経済的に成功したいという気持ちが強くなるという論理が成立することになります。貧しかった頃の体験が、貪欲さを生み出すという解釈もできるでしょう。いずれにせよ、物質的環境が精神を生み出すと考えるわけです。

観念論を代表する考え方が、ギリシャの哲学者**プラトン**（前427頃～前347頃）が提唱した**イデア論**です。

イデアは究極的な存在のことを指す言葉で、イデア論では私たちが認識している現実は、それより下位にあるものと考えます。

たとえば、人は猫を見ると猫と認識します。別の猫を見ても猫と認識します。そして、目の前にある猫が現実にすべていなくなってしまっても、猫という概念は残りますす。つまり、現実に存在する猫の上位概念として猫というものがあるとプラトンは考えました。重要なのは、物質よりも精神が上位にあるという点です。プラトンはこれを猫のイデアと呼びました。

このほか観念論を提唱した哲学者としては**カント**（1724～1804）などが有名です。

もっとも、このイデアという考え方には、異論もあります。

猫を誰も見たことがなければ、そもそも猫というイデアを思い浮かべることができません。しかし、人の目に触れずに猫が存在していたのであれば、猫はいつから存在したことになるのかという疑問が生じます。

一方、唯物論はすべて物質からスタートすると考えます。先ほどの猫の話にあてはめれば、猫のイデアというものは存在せず、実際に存在する猫を見て、人間はあとから猫という概念を作り出したに過ぎないということになります。

□成功の秘訣はビジョンか環境か

ここでは「哲学的に」、猫という動物の話を取り上げましたが、観念論や唯物論の議論で重要なのは、現実社会における価値観についてどう捉えるかです。

観念論では、先に精神がありますから、絶対的な価値観というものが存在すると考えます。ビジネスの世界には、正しいビジネスとは何かという基本的価値観が存在するはずであり、それは誰にとっても共通ということになります。

観念論の人は、正しい価値観に基づいて決めた行動は、どんな状況でもそれを貫くべきと考えるでしょう。

人間の心は脆弱《ぜいじゃく》ですから、いろいろなことで揺れ動くことになるかもしれません。しかし、観念論的に考えれば、最終的に人間は、根本的な価値観に基づいて判断したり、行動したりするはずです。

会社のリーダーであれば、社員に対して、将来のビジョンや、仕事の基本的な取り組み方など、メンタルな部分で指導を行うことが重要となるでしょう。新しいテクノロジーの登場についても、どんなに技術が進歩しても、基本的な人間の営みは変わらないという前提で、論理を組み立てていくはずです。

一方、唯物論的な人は、ビジネスに対する価値観や仕事の進め方は、周囲の状況によって簡単に変わってしまうと考えます。どんなに立派な考えの持ち主でも、食うに困る状況になれば、不正を働くかもしれません。逆に成功して豊かになると、気持ちが変化して、振る舞いも変わってくることになります。

臥薪嘗胆《がしんしょうたん》という故事成語がありますが、苦い肝を舐めて、苦しい状況を忘れないようにするという考え方はまさに唯物論的なものです。

唯物論では、新しい技術の登場など、物理的な環境変化は、人間の精神を大きく変えると考えます。成功するためには、自身を常に良好な社会環境に置くことが大事ということになるでしょう。

リーダーとしての振る舞いも当然、変わってきます。

社員の行動は、メンタルな部分ではなく、周囲の環境で決定されると考えるはずです。給料を上げたり、無料ランチなど福利厚生を充実させた方が社員の士気が上がると考えます。逆に、給料を下げたり、いつクビになるか分からないという厳しい環境に置いた方が、社員は懸命に働くと考えるかもしれません。いずれにせよ、環境をどう設定するのかがカギとなるわけです。

□成功者がマインドを重視する理由

こうした哲学的な議論は、究極的に人間はどちらなのかという内容ですから、話が非常に極端です。現実の人間は、唯物論的な側面と観念論的な側面の両方を持っており、状況によってそれを使い分けたり、都合良く解釈したりしています。

たとえば、社会的・経済的に成功した人の多くは、状況に応じて観念論と唯物論をうまく使い分けているケースが少なくありません。

成功者は、自分が成功した理由として、観念論的理由を挙げることがほとんどです。どうすれば何円儲かるという些末《さまつ》なテクニックより、お金や仕事に対する基本的な考え方、モチベーションに対する考え方など、価値観やマインドを重視しています。お金持ちになるためのイデアを身につけることが、成功のカギだと考えているわけです。

一方で成功者は、他人に対しては唯物論を前提として振る舞うケースがよくあります。起業家などは特にそうなのですが、社員に対して、給料や昇進、降格など、環境を徹底的にコントロールした方が、よい成果を上げられると考える人が少なくありません。つまり社員は管理すべき対象と考えているわけです。

中には、ビジョンを伝えれば、あとは社員が勝手に成長し、成果を上げてくれるというスタンスの経営者もいますが、おそらく割合としては、徹底した管理を重視する人が多いでしょう。このようなタイプの人は、自分は観念論的であり、社員は唯物論的と考えているのかもしれません。

また、事の成り行きについても同様です。観念論では精神があって人の行動が決まり、それが結果を生み出すとします。つまり、世の中の出来事にはすべて意味があると考えるわけです。自身の成功は必然と考える成功者が多いのはそのためです。

一方、唯物論では、物質の動きが最終的に人の言動を決めるとするので、結果は必然ではありません。むしろ偶然の産物と考える傾向が強いことになります。仏教の世界観は、基本的に唯物的です。

成功者の中には、仏教的な価値観を持ち、「なるようにしかならない」と主張する人も少なくありません。

自身の成功を必然と考えながら、なるようにしかならないと考えるのは一種の矛盾ですが、こうした感覚が、もしかすると成功の秘訣なのかもしれません。

LEARNING

［カント］
ドイツの哲学者。後のヘーゲルまで続くドイツ観念論の創始者とされる。主著『純粋理性批判』が有名。人がモノを見て認識するのではなく、人の認識がモノを見出すと主張し、こうした発想の転換を「コペルニクス的転回」と呼んだ。

世界で儲かる「構造」日本で儲からない「構造」

——構造主義とパラダイム論

新しい文化やビジネスモデルが輸入されてくると、必ず出てくるのが、「日本において通用するのかしないのか」という議論です。

欧米でうまくいったビジネスモデルであっても、日本社会は欧米とは違うという視点で、うまくいかないだろうと考える人は少なくありません。一方、欧米でうまくいったのだから、日本でもうまくいくはずだと考える人もいます。

かつてソフトバンクの**孫正義**社長は、自らの経営手法を「**タイムマシン経営**」と称していました。

米国の方が日本より数年先に進んでいるので、米国でうまくいったビジネスモデルを日本に輸入すれば、一定の確率で成功できるという理屈です。時間差を利用するという部分をタイムマシンと言い換えたわけです。

タイムマシン経営の手法は、日本におけるビジネスや投資において、一定の成果を上げています。ネットビジネスのほとんどは、米国でやっていることを日本にそのまま輸入したものですし、米国で話題になった投資手法は、日本にも波及することが少なくありません。

今話題の**シェアリング・エコノミー**や**フィンテック**（ITと金融の融合）も、米国でのブームを受けて日本でも盛り上がっているという図式です。

一方、日本には独特の慣習や文化があり、欧米流がまったく受け入れられないケースも少なくありません。

米国のネットサービスはすぐに輸入されても、米国流の成果報酬型人事や、国籍・人種を問わない採用・昇進ルールは日本ではほとんどといってよいほど普及していません。

これまで説明してきた観念論と唯物論の対比は、人間社会には普遍的、根源的な法則が存在するという考え方がベースになっています。

こうした哲学は基本的にキリスト教圏で発達したものですから、普遍性という概念を強く意識することになります。しかし普遍性をあまりに強く意識しすぎると、現実の状況をうまく把握できないこともしばしばです。

絶対的な法則性を追求することも大事ですが、まずは、物事はどのような仕組みになっているのかについて観察した方が、より真実に近づきやすいと考えることもできます。

このように、物事の「仕組み」について着目するという考え方は、**構造主義哲学**と呼ばれます。

構造主義に基づいて考えれば、日本には日本独自の構造が存在するという解釈になります。

□物事を仕組みという視点で見ると

構造主義は1960年代に主にフランスにおいて発達した概念です。**ソシュール**(1857〜1913)の言語学の成果をベースに、文化人類学者である**レヴィ=ストロース**(1908〜2009)の業績によって広く社会に普及し、**バルト**(1915〜1980)の記号論などが加わりました。

レヴィ=ストロースは著書『野生の思考』などにおいて、未開で野蛮と思われていた各地の少数民族にも、それぞれ独自の社会的な仕組みというものがあるということを丹念に検証しました。

この世の中は、精神か物質かということよりも、相互の関連性によって形作られていると考えたわけです。

先ほどの猫の例を再び引き合いに出せば、猫は客観的な存在としているのではなく、犬や人との相対的な違いで、たまたま「猫」として定義されているだけに過ぎないということになります。猫そのものが問題なのではなく、猫と他の動物の関係性に意味があるわけです。

自然科学の世界でも同じようなアプローチが現れています。

クーン（1922〜1996）は『科学革命の構造』の中で、特定の時代において支配的になるモノの見方という意味で**パラダイム**（枠組み、規範）という概念を提唱しました。仕組みという視点から、ものごとを把握するという点において、これも構造主義的な考え方といってよいでしょう。

もっともレヴィ＝ストロースは、民族や地域によってさまざまな構造が存在するとしても、その中には、人間としての共通項があると考えていたようです。つまり、それぞれに構築されている仕組みの奥に、普遍的な法則が存在していることを意識していたわけです。

その証拠に、レヴィ＝ストロースは2000年代初頭、牛海綿状脳症（通称狂牛病）が社会問題になった際、人類はやがて肉食をやめ、ベジタリアンになっていくとの見解を示しています。

その理由は、文化人類学的に動物と人間は近親関係にあり、肉食は広い意味でカニバリズム（食人習慣）につながる行為だから、というものでした。彼は、人が肉を食べることを忌避するという価値観は、最終的にはどのパラダイムにおいても、共通のものだと考えていたようです。

ちなみに、構造主義をベースに発達したポスト構造主義という分野では、人間の知的活動には、時代や社会に特有の構造しかなく、普遍性を追求することは難しいのではないかという議論に至ります。

ただ、ここまで来てしまうと、何が真実なのかについて考えることを放棄することにもつながりかねませんから、非常に微妙なところです。

□ビジネス界は構造主義哲学が大好き

構造主義の本質はともかくとして、この方法論を用いれば、とりあえず、物事の本質に関する議論は棚上げにして、仕組みを理解するということができてしまいます。このため、ビジネスの現場などでは、本質的意味とは無関係に、構造主義的な方法論が多用されています。

パラダイム、構造化というキーワードはコンサルタントや意識高い系のビジネスマンが乱発していますから、一度は耳にしたことがあるのではないでしょうか。とかく難解といわれて敬遠されがちな哲学の分野ですが、構造主義だけは、広くビジネスの現場に普及しているのです。

話をもとに戻して、日本市場が米国と比べてどのような状態になっているのかという話については、日本市場を構造化して分析することで、ある程度、状況を見通せることになります。

先ほどの欧米型成果報酬について、「日本人にとっては文化的に受け入れられないものなので、普及しないだろう」という構造主義的な考え方は、とりあえずの状況を把握するという点では意味があるでしょう。

しかし、なぜ他の分野では欧米型のパラダイムが受け入れられて、成果報酬が受け入れられないのかについては、構造主義的な分析だけでは、明確な答えは得られません。そうなってくると、いわゆるタイムマシン経営が有効なのかについても、本当の答を得ることは難しくなってしまうでしょう。

最終的な解答を見つけ出すためには、やはり普遍的な法則に照らしてどうなのかという部分を避けて通ることはできないのです。とりあえず状況を把握するという場面では構造主義的な方法論を用い、その先の本質的な部分については、唯物論、観念論などを使って考えていくのがよいのかもしれません。

LEARNING

［パラダイム］

科学史家であるトーマス・クーンによって提唱された概念。もともとは、科学の分野において、一定期間、模範となるような業績のことを指していたが、ビジネスの分野にも広がり、知的枠組みといった意味の一般用語に変化した。

L

意識高い系と意識低い系稼げるのはどっち？

――実存主義

構造主義は1960年代に発展した概念ですが、その前は、**サルトル**（1905〜1980年）という哲学者が提唱した**実存主義**という考え方が一世を風靡《ふうび》していました。

サルトルとレヴィ＝ストロースが論争し、サルトルが敗れたことで、構造主義がブームとなったのですが、その前は、サルトルが大流行だったわけです。

現代哲学の世界は特にそうですが、いくら崇高な理念を提唱しても、それを消費し、コンテンツとして買ってくれる人がいないと意味がありません。

非常に皮肉な結果ではありますが、こうした高いレベルの知的活動は、大衆による消費活動があって初めて成立するものなのです。

日本でも、構造主義やポスト構造主義のブームを受けて、1980年代にはニューアカデミズム・ブームが発生し、**浅田彰氏**（1957〜）の『構造と力』は異例のベストセラーとなりました。

当時、多くの学生がこの本を読んでいましたが、内容は非常に難解であり、ほとんどの読者が理解していなかったと考えられています。

今は中高年になっている当時の読者は、今風に言えば、「意識高い系」ということになるわけですが、先ほどのサルトルは意識高い系ブームの先駆けともいえる存在だったのです。

筆者は少々、皮肉っぽく表現しましたが、意識高い系の人々の言動は、現代社会において非常に重要な役割を占めています。対人コミュニケーションという意味でも、市場の動きを摑《つか》むという点でも、よく理解しておいた方がよいでしょう。

□サルトルは「意識高い系」

実存主義とは、物事の本質より先に、実存というものがあるとする考え方です。実存というのは、今、現実に、自分が存在していること、広く解釈すれば、具体的な行動のことを指しています。

サルトルの内縁の妻で作家だった**ボーヴォワール**（1908～1986）は、実存主義的な観点から女性をとらえ直し、「**人は女に生まれるのではない、女になるのだ**」と表現しています。つまり、人間の主体的な意識と行動がすべてを決めるのであって、もともと存在する価値観というものはないという理屈です。

知性に溢《あふ》れた人間であれば、正しい決断や行動ができるはずであり、そうした正しい決断や行動が、物事の本質を決めるということになります。真実は私たち人間の行動にかかっているわけですから、人間の知性を信じることが何よりも大事ということになってきます。

サルトルは、「知識人であるならば、積極的に社会問題に関わり、その解決に対して知恵を出すべきだ」と主張しました（アンガージュマン）。そして自らデモの先頭に立って活動を行いました。

今の時代にあてはめれば、人の本質がどうあれ、問題解決をしようというポジティブな姿勢が大事であり、人の知性を信じて、積極的に物事に取り組むことが推奨されるということになるでしょうか。

サルトルの実存主義は、人間の精神が物事を決めるという意味では、観念論に分類されると考えてよいでしょう。しかし、その精神を決めるのは人間の行動そのものであり、それが結果というものを生み出します。つまり、歴史は人間の行動が作り出すことになるわけです。

正しい精神を人間が主体的に生み出すことができるのであれば、人間は正しい歴史を作ることが可能という解釈になります。サルトルが、知識人の主体的な政治参加を促したのはこのためです。

当然、こうした考え方に対しては、理想主義的で非現実的という批判が寄せられました。また物事が人間の意識や行動で決まってしまうということになると、場合によっては何でもアリということにもなりかねません。

構造主義の立場からレヴィ＝ストロースはサルトルを批判し、サルトルとの論争に勝ったことから、時代は構造主義へと流れていきます。しかし、人間の主体的な意思が大事という価値観は、形を変えて今でも脈々と受け継がれています。それが顕在化したものを茶化して表現すれば、「意識高い系」ということになるわけです。

□なぜ一押し商品が売れないのか

実存主義的な考え方と、構造主義的な考え方の対立は、ビジネスの現場でもよく見られるものです。

あるプロジェクトがうまくいかない時、構造主義的な思考回路を持っている人は、それがうまく働かないメカニズムを知ろうとします。先ほど経営コンサルタントが構造化やパラダイムという言葉を多用するという話をしましたが、仕組みを理解することは、対策を立てるための早道だからです。

しかし、こうした仕組みを理解することだけでは、どうしても問題を解決できないことがあります。いろいろな市場分析を行っても、なぜこの商品が売れないのか、明確な解答が得られないことは珍しいことではありません。

このような時、主体的な意思を持ったリーダーの言動が状況を好転させてくれるケースは実際に存在します。

「自分が売る商品の良さを自分が信じなくてどうするのだ」というのは営業の世界ではよく言われている言葉ですが、こうした意識改革の取り組みが、不思議と状況を打開したりするものです。

カリスマ経営者として名高い日本電産の永守重信社長は、M＆A（企業の合併買収）を得意としていますが、工場を買収すると真っ先に現場に指示するのは整理整頓と掃除だそうです。掃除と工場の利益に直接の関係はありませんが、掃除を徹底すると、不思議と業績が向上するそうです。これも一種の実存主義でしょう。

組織でのポストと人材の関係についても同じことがいえます。

ある重要なポストにふさわしいと思える人材が、なかなか見つからないというケースは珍しくありません。しかし、気付いていないだけで、そのポストにふさわしい人材は意外と身近に存在することもあります。人は、重要なポストに就くことを意識し始めると、それにふさわしい人物に変貌することがあるからです。強く前向きな意思が人の精神を形作るという概念も、実存主義的な考え方の一つといってよいでしょう。

一方、人の主体的な考え方を優先すると大きな失敗につながることもあります。根源的な問題が解消されていない以上、主体的な取り組みを行っても、状況は改善しないかもしれません。組織のポストの件も同様です。本質的に能力のない人を、重要なポストに就けたところで、効果を発揮しないのは明らかです。

それよりも、平均的な人材でもうまくビジネスが回るような「仕組み」を構築し、人間の個人的な能力に依存しない組織を作ることの方がずっと大事であるとの考え方もあります。

実際、よい業績を上げている大企業ほどその傾向が強く、誰がいつ会社を辞めても、業務に支障が出ることはありません。自社のビジネスモデルが完全に仕組みとして定着しており、それが儲けを出す「構造」となっているのです。

よく転職や起業などで、仕事の責任があるので、会社を辞められないという話を見聞きします。

これは、現実には転職や起業をしない言い訳として使われているケースが多いようですが、もし勤務している会社が大企業であれば、この考え方はあてはまりません。**ビジネスモデルは構造化されており、中で働く社員はいつでも置き換えが可能です。**業績のよい大企業ほど、個人の能力に依存しなくなるものです。

LEARNING

［ニューアカデミズム］
1980年代の日本で発生した思想的な新潮流のこと。浅田彰のほか、中沢新一、栗本慎一郎など多くの書き手が登場した。当時、急速に発達した大衆消費文化と密接に関係しており、単なる流行との見方もある。

L

お金持ちはなぜ、ブランドを見せびらかすのか

——記号論

ソシュールの言語学や構造主義の影響を受けながら、バルトなどを中心に**記号論**という考え方が発展していきました。記号論的なものの考え方は、世の中を理解する上で大きな助けとなりますから、覚えておいて損はないでしょう。

□「人は見た目で決まる」というのは哲学の世界では常識

お金持ちの人は、たいていブランド物の高級時計を身につけています。それは高級時計を見ると、相手はその人のことをお金持ちと認識するからです。このような状態のことを哲学的には、「高級時計はお金持ちを表す記号である」と表現します。記号というのは、モノや言葉、音楽などが、特定の意味合いを示す媒体のことを指します。

高級時計は、それを身につけている人がお金持ちであるかどうかとは直接関係しませんが、人はこれにお金持ちの象徴という意味付けを行っています。これによって、高級時計には、お金持ちという特定の意味合いが発生するのです。

記号論の世界では、高級時計そのもののことを「**シニフィアン**」と呼びます。一方、それから想起されるお金持ちというイメージのことを「シニフィエ」と呼びます。記号の作用は、シニフィアンとシニフィエの両方が揃って初めて成立します。

シニフィアンは言葉にもあてはまります。あるビジネスマンが「タクシーに乗って帰る」と言ったら「ずいぶん金持ちだな」と皮肉を言われるかもしれません。この時も「タクシー」という言葉が、お金持ちの記号として作用しているわけです。タクシーに乗るという言葉そのものはシニフィアン、お金持ちはシニフィエです。

実は人のコミュニケーションは、こうした記号論的なものにかなり支配されています。コミュニケーション能力が高い人は、記号の持つ威力を、無意識的に、あるいは意識的にフル活用しているケースがほとんどです。逆に言えば、記号論のメカニズムをうまく活用すれば、成功できる確率はグンとアップするわけです。

「人は見た目で9割が決まる」という説がありますが、この説は常に激しい議論の的となっているようです。人を見た目で判断するのはケシカランといった話から、見た目ではなく、仕事ができる能力で評価されているはずだ、など論点はさまざまです。**しかし記号論という視点に立てば、人が見た目で評価されていることなど、ごく当たり前の話です。**厳密には、見た目ではなく、人は記号ですべて評価されているという話になります。

ビジネスの世界では、スーツVS私服という対立軸があります。自由業やIT系の人は基本的に私服を好みますが、銀行マンや公務員などお堅い仕事の人は、スーツにネクタイが基本です。また就職活動においては、服装がチェックされているのかどうかは常に論争の的です。これは、スーツもしくは私服というものに、すでに記号論的な意味が付与されていることを表しています。これは、人は見た目で評価されていることのよい証拠といえるでしょう。

ノーネクタイの習慣についても同じことがいえます。もともとはクールビズという、政府が推奨した奇妙な制度がきっかけですが、そこには堅苦しくなくという、イメージ的な意味合いも多分に含まれています。また役所などでは、シーズンが変わると、なぜか一斉にネクタイに切り替わります。

省エネという論理であれば、本人が暑いと思うのであれば何月であってもノーネクタイでよいはずですが、現実にはそうではありません。そこには、本来、ノーネクタイではいけないという価値観が見え隠れしています。やはりネクタイというものには、強烈な意味合いを持つ記号が付与されていると考えてよいでしょう。

□相手に合わせると成約率が上がる

こうしたことはあらゆる面に及びます。髪型や話し方、立ち居振る舞い、お店の選択、書類の書き方など、すべてが記号として作用してきます。この記号を総合的に判断して、人は安心して付き合える相手かそうでないかを判断しているわけです。優秀な営業マンであれば、相手がもっとも安心する話し方を意図的に選択しているでしょう。

積極的な性格で、白黒がはっきりしている人には、ハキハキとイエス・ノーを明確に伝えます。一方、優柔不断な人には、決断を迫らないよう、できるだけオブラートに包んで話をします。相手が公務員なら声を小さく、ガテン系の人であれば、声を大きくしているはずです。**現実問題として、相手に合わせて行動すると、営業の成約率は飛躍的に向上するのです。**

これらの知見は、状況の分析にも役立てることができます。人々の言動や世の中の現象が何を意味しているのか探っていくのです。

近年、あまり大きな声で話さず、特に語尾を小さくする人が増えています。日本語は主語の次に目的語が来て、最後に述語がきますから、語尾を小さく話すと相手に主旨がよく伝わりません。語尾を小さく話すことは、あまり合理的ではないのです。それにもかかわらず、語尾を小さくする人が増えているのは、何らかの社会的変化が影響している可能性があるわけです。

記号論的な発想ができると、語尾を小さく話すことは、何を意味しているのだろうかと考えます。白黒をハッキリさせるような言い方を多くの人が望まず、優柔不断な人が増えているのだとすると、語尾を小さくする話し方は「強引ではない人」を示す記号として作用している可能性があります。なぜ強引さが嫌われるのかを分析することができれば、大きなビジネスチャンスにつながるかもしれません。

一方、日本社会の閉塞感が高まっており、無意識的に語尾を小さくしているのだとすると、それは、自己主張は危険であるということの記号なのかもしれません。こうした感覚があると、そのような相手を見た時に、単にイライラするのではなく、**その背景や状況を分析できるようになり、自身の行動に反映させることができるのです。**

L　一代で財を築いた人は新しもの好き

――プラグマティズム

これまで説明してきた哲学は、物事の本質を見極めようという考え方に立脚しており、非常に抽象度の高いものとなっています。

抽象的に物事の本質を追究する分野のことを**形而上学**《けいじじょうがく》と呼びます。これに対して、現実的な感覚や、経験を通じて理解できる分野を**形而下学**《けいじかがく》と呼びます。

欧州では、抽象的で、形而上学的な分野が「高尚」であるとされ、現実的な問題解決の分野は低く見られていました。

しかし、資本主義が高度に発達した米国では、逆に形而下の実務的な哲学が発達してきたのです。米国で発達した、反形而上学的な一連の哲学を**プラグマティズム**と呼びます。

プラグマティズムの推進者であった**パース**（１８３９〜１９１４）は、仲間とともに「形而上学クラブ」という名称のグループを作り、自らの思想を構築していきました。形而上学クラブというのは、お高くとまった、形而上学を追究する欧州の哲学に対する皮肉でつけた名前です。

□実利を追求することが、真理を知る早道

プラグマティズムは、本質が何かということよりも、試行錯誤を繰り返すことによって真実に近づいていくという「方法論」を重視した考え方です。パースは、「ある概念の意味をはっきりさせるには、それがどんな行動を生み出すのかを考えればよい」と主張しています。

プラグマティズムについては、単なる実利主義との誤解がありますが、本質はそうではありません。形而上学的本質に近づくためにこそ、現実社会での試行錯誤が重要という考え方です。

何度も試行錯誤を繰り返していけば、本質が何かと大上段に構えなくても、やがてその本質にたどり着くことになります。

ビジネスの世界では、PLAN（計画）、DO（実行）、CHECK（評価）、ACT

（改善）の4段階を繰り返すことによって、業務を継続的に改善するという、いわゆるPDCAという概念があります。

このサイクルを回していくうちに、ビジネスの本質とは何かといった哲学的なテーマを考えなくても、いずれビジネスの本質が分かってくるという仕組みですから、これはまさにプラグマティズム的な考え方といってよいでしょう。

米国は徹底したビジネスの国ですから、こうした国で生まれたプラグマティズムの考え方がビジネスとの親和性が高いのは当然のことです。プラグマティズムの考え方を身につけていけば、経済的に成功できる確率が上昇すると言っても過言ではありません。

ビジネスや投資で成功する人には、ある種の共通項があります。それはいかなる変化にも対応できるバランス感覚です。投資の世界で一つの投資手法が長期間にわたってうまく適用できることは希です。

ビジネスにおいても、よほど社会に定着しているものでもない限り、状況は常に変化していきます。**変化に合わせてやり方を変えていかないと継続して成果を上げることは難しいのです。**

一方、場当たり的に、目の前の状況に合わせてばかりの人は、それこそ失敗ばかりすることになります。明確なポリシーを貫くことができなければ、経済的な成功を実現することなど不可能です。

ビジネスや投資で成功する人は、この両者をうまく組み合わせることができています。一貫してブレない姿勢を貫いていると思いきや、状況の変化にはうまく対応しているのです。つまり絶妙なバランス感覚があるわけです。

天性の才能としてこうした行為ができている人もいますが、ビジネスや投資の経験を積む中で、自然とこうしたバランス感覚を習得していく人がほとんどでしょう。こうした人たちは、自身ではあまり意識していないと思いますが、プラグマティズムの考え方がうまく身についていることになります。

プラグマティズムでは、試行錯誤の過程や結果が重視されます。ビジネス上の問題が浮上した時、試行錯誤を繰り返し、解決策を見出したとします。しかし、うまく解決策が見つかったとしても、なぜうまくいっているのか分からないというケースも中には出てくるでしょう。プラグマティズム的に考えれば、「とりあえずうまくいっているのだからそれでよいではないか」という考え方になります。

ここで大事なのは、答が分からなくてもよいとテキトーなことを言っているわけではないという点です。

プラグマティストは、真実などというものは、そうそう簡単に見つかるものではないという謙虚な立場に立っています。

仮に今、本質が分からなくても、別の機会に同じようなケースに遭遇し、今回の経験が本質の理解に役立つかもしれないと考えるわけです。

□人生は実験

試行錯誤で得られた解決策を絶対視してしまう人は、その成功体験に縛られ、状況が変わった時に対応できなくなってしまいます。従来型のビジネスモデルに固執し、機能不全に陥ってしまったシャープなどはその典型といってよいでしょう。

一方、場当たりな対応しかできない人はいつまで経っても、その経験を血肉にすることができません。とりあえずうまくいけばよいという実利面を強調しつつ、本質に近づこうという謙虚な姿勢を忘れないことが重要です。

こうしたプラグマティズム的な考え方は、新しいテクノロジーやビジネスモデルが登場してきた時の対応にも応用することができます。

近年はテクノロジーの進化のスピードが速くなっており、次々と新しいサービスが登場してきます。民泊仲介サイトのAirbnb《エアービーアンドビー》に代表されるシェアリング・エコノミーやドローン（無人機）、人工知能などはその代表的な例でしょう。

人はこうした新しいテクノロジーに対して、一定の拒否反応を示します。こうした拒否反応を持つことはビジネスチャンスを失うことにもつながってしまうのですが、一方で、新しいものには弊害もあります。登場した新しいテクノロジーに何も考えずに飛びついてしまい、失敗する企業は後を絶ちません。

このような時、プラグマティズムの考え方は非常に有益です。

プラグマティズムは、改良や進歩そのものよりも、その過程を重視します。**過程が重要であれば、新しいテクノロジーが登場してきた場合、とりあえず使ってみる**という判断になるでしょう。

その中で、有効性が確認できるようであれば、使い続けることになるでしょうし、弊害が大きいなら、見直しを進めることになります。

こうした一連のやり取りの中で、何が有効なのかが決まってきます。最初からダメなものもなければ、絶対的に良いものもないわけです。このようなバランス感覚を持っていれば、変化というものを恐れる必要はありません。

プラグマティズムの源流ともなった米国の思想家**エマーソン**（1803〜1882）

は、「**人生のすべては実験である**」と述べています。

実験は繰り返すほど真実に近づくことができます。実験がうまくいかなくても、その方法ではうまくいかないということが分かったという意味で、あらゆるものが成果になるわけです。

人生はすべて実験であると考えれば、過度に臆病になったり、神経質になる必要もないでしょう。これは、ビジネスや投資など、あらゆる局面で生かすことができる考え方です。

あれこれと考える前に、行動し、知ることが、成果につながってくるのです。

LEARNING

［シェアリング・エコノミー］
インターネットを使って、既存のモノやサービスを社会全体で共有するような経済メカニズムのこと。民泊仲介サイトのAirbnbやタクシー仲介サイトのUber《ウーバー》などが代表的な存在とされる。

CULTURES OF CHAPTER

V

■人はどのような存在なのかを問う哲学の知識はお金儲けに役立つ

■構造だけを見た方が分かりやすい場合もある

■仕組みができあがった組織では、誰がやろうと結果は変わらない

■お金持ちは見た目が９割

■新しい技術やサービスは、とりあえず使ってみるのが哲学的に正しい態度

第 VI 章

富の大局と未来を見通すための

歴史学

HISTORY

L ローマを知れば、すべてが分かる

——スターウォーズとローマ帝国

資産家や企業の経営者の中には、歴史に造詣の深い人が少なくありません。その理由は、歴史の中に、人や組織の共通法則を見出すことができるからでしょう。実際、歴史を見ると、人は同じようなことを繰り返していることが分かります。

逆に考えれば、日常的に歴史を意識することができれば、自身や他人の行動をより客観的に分析できることになります。成功者の中に、歴史に詳しい人が多いのは、ある意味で当然のことなのです。

□スターウォーズとローマ帝国

2015年12月、SF映画「**スターウォーズ**」シリーズの「フォースの覚醒」が一般公開されました。

同シリーズを手がけてきたルーカスフィルムがディズニーに買収されてから初の作品ということで、世界各地で大々的なキャンペーンが行われました。タイアップのCMがあまりにも多く、正直なところ辟易《へきえき》した人も多かったのではないかと思います。

スターウォーズのストーリーは、悪の帝国軍と正義の反乱軍の戦いという、一見すると非常に単純な図式となっています。

スターウォーズの舞台となった銀河共和国は、その名の通り、共和制の国でしたが、元老院の議長であったダース・シディアスが陰謀を企て皇帝に就任し、独裁的な帝国を樹立します。共和制の復活を目指す反乱軍はこれに対抗して戦いを挑むというストーリーです。

この話はある程度、歴史に詳しい人であれば、**ローマ帝国**の顛末《てんまつ》をモチーフにしているということがすぐに分かるはずです。

共和制から帝政に至るローマの歴史には、民主主義に関する重要な話がすべて盛り込まれており、最高の教科書となっています。

米国という国は、ローマを強く意識して建国されたのですが、スターウォーズもその延長線上にあります。

ローマの歴史、あるいはスターウォーズのストーリーを理解できれば、組織の繁栄とはどういうことなのか、リーダーシップや公正さはどうあるべきなのか、といった、ビジネスにおける根本的な問いについて判断する手助けとなるでしょう。

□シーザーは英雄か独裁者か

よく知られているようにローマはかつて共和制の国でした。共和制とは、君主制に対応する言葉で、君主による独裁ではない体制のことを指します。当然のことながら民主制は共和制の一種ということになります。

共和制のローマでは、現在の国会に相当する元老院（貴族院という形が近い）が存在し、リーダー（執政官）は元老院が候補者を選び、その中から市民による選挙で選ばれていました。

ここで重要なのは、執政官は民意で選ばれる必要があり、常に2名が選出され独裁ができない仕組みになっていたという点です。

共和制のローマでもっとも嫌われたのは独裁でした。

現代においても、軍事政権など独裁政権が否定的に扱われるのは、民主主義が発達する以前のローマ時代からの伝統があるからです。

独裁を嫌い、意見の多様性を重んじた共和制のローマですが、現実にはまとまりに欠け、汚職にまみれた社会でもありました。紀元前3世紀から2世紀にかけて、カルタゴとの間で勃発したポエニ戦争をきっかけに、貧富の差がさらに激しくなり、国内の政治は極度に不安定化していきます。

この混乱を終結させたのが有名な**シーザー**です。

シーザーは軍人として卓越した成果を上げた人物で、国民からの高い支持がありました。しかしローマでは、独裁政治は許されていません。シーザーは意を決して、軍隊をローマ市内に進め、独裁を目指して元老院派との内戦に突入します。

重大な決意を持って、後戻りのできない選択をすることを「ルビコン川を渡る」とよく言いますが、この言葉はシーザーのローマ進軍から来ています。

当時のローマの法律では、軍隊をローマ市内に入れてはいけませんでした。ローマ本土と属州の境にあるのがルビコン川ですが、これを渡ってローマに入れば、クーデターの首謀者として処罰されてしまうか、自分がヒーローになれるかのどちらかです。

結局、シーザーは内戦に勝利し、元老院に対して自分を終身独裁官にするよう要求、元老院はこれを認めます。

一生涯、独裁権を得ているわけですから、これは事実上の皇帝ということになります。シーザー自身は自らを皇帝とは言いませんでしたが、シーザー以降のローマは独裁的な帝政となったのです。

□独裁で国家が安定したという皮肉

ここで重要なのは、帝政になってローマは安定し、かなりの繁栄を実現したという事実です。

帝政ローマ時代には、グローバル化が進み、カラカラ帝の時代には、国籍・出身などに関係なく、全自由民にローマ市民権が与えられるまでになりました。当時のローマには、多数の属州出身の元老院議員や皇帝が登場しています。ローマ帝国に住んでさえいれば、どんな人にも同じ権利が保障されていたわけです。

しかしその繁栄と人権保護は、皇帝による独裁政治の結果です。先ほどのカラカラ帝も、政敵には容赦なく凄惨な粛清を行っています。これは民主主義者から見ると、非常に皮肉な出来事といってよいでしょう。

シーザーのやったことは、ヒトラーが議会に対して全権委任法を可決させ、自らを独裁者として承認させたことと基本的には変わりありません。しかし、民主主義者が理想とする世界を構築したのもシーザーだったということになります。

米国という国は、こうしたローマの矛盾を強く意識して建国されました。

意外に思うかもしれませんが、米国の大統領には戦争を行う権限がありません。宣戦布告の権利は今でも議会（ローマでいえば元老院）にあるという解釈です。大統領側は、これをすり抜けるため、宣戦布告のない形で事実上の戦争になるよう苦心するなど、行政と立法の間における権力闘争は今でも続いています。

米国は共和制ローマが掲げる反独裁主義を堅持しながら、帝政ローマで実現した繁栄とリベラルな社会制度の両方を獲得しようと苦心しているわけです。

スターウォーズにも、こうした共和制に対する希望と現実が見事に描かれています。ダース・ベイダー率いる帝国軍はまさに悪の集団なのですが、ローマの歴史にあてはめればシーザー側ということになります。

シーザーはヒーローであり、有能な政治家であり、そしてたいへんな人格者でもありますが、ただの独裁者でしかないという見方もできるわけです。

シリーズ第1作（エピソード4）において反乱軍を率いるのは、有力な元老院議員の娘であるレイア姫です。彼女は非常にプライドが高く、かなり嫌なオンナに描かれています。汚職の象徴でもあった元老院議員の娘というセレブ女性が、実は、民主主義を守る砦となっています。

民主主義を守るというのは、非常に現実的な戦いであり、きれい事だけでは済まされないのだということを映画は語っているのかもしれません。

逆に言えば、そこまで努力を重ねてでも、独裁は排除すべきということにもなるでしょう。

□それでも独裁はよくない

一連の話は、組織の繁栄とリーダーシップはどうあるべきなのかというテーマにおける、重要な視点を提供してくれています。

国家や組織がまとまらないと、人は時として安易に独裁者を求めてしまいがちです。またシーザーが始めた帝政ローマのように、独裁者による統治がうまくいくこともあるわけです。一方、民意を反映するためのシステムは、なかなかまとまらず、時には腐敗していたりします。

独裁を防ぎ、民主的な運営を行うためには、民主主義には欠点が多数存在することをよく理解した人が、その運営に関わる必要があります。民主主義の欠点をよく知る人こそが、民主主義のキーマンというわけです。

英国の首相チャーチルは、「民主主義はひどい制度だが、他のどの制度よりもマシだ」と述べましたが、これも似たような文脈で解釈することができるでしょう。

民主主義に対して過剰に理想を抱いたり、腐敗に対して単純に嫌悪感を示してしまう人は、容易に独裁者の支持者に変貌してしまいます。

こうしたことを防ぐためには、バランス感覚がモノを言うことになります。このバランス感覚とは、おそらく本書で言うところの教養と多くの部分で一致しているはずです。

LEARNING

［ウィンストン・チャーチル］

第一次大戦から第二次大戦終了後にかけて活躍した英国の著名な政治家。首相として第二次大戦を指導した。東西冷戦について言及した「鉄のカーテン」の演説は有名。文筆家でもあり回顧録『第二次世界大戦』でノーベル文学賞を受賞している。

L

権力者にすり寄る者の末路

——オスマン帝国のイエニチェリ

歴史を眺めてみると、さまざまな王朝が現れては消えていきます。時代や国によって支配のあり方はさまざまですが、多くの国に共通する事柄も見受けられます。皇帝や国王など絶対的支配者を護衛するための直属軍の存在もその共通項の一つです。

□世界の皇帝が直属軍を持つ理由

14世紀から20世紀初頭にかけて存在したトルコのオスマン朝は、16世紀には今の中東から北アフリカ、欧州の一部までを版図とする巨大な帝国に成長していました。オスマン朝の皇帝であるスルタンは、イエニチェリと呼ばれる皇帝直属軍を従えていたことで有名です。

同じようなシステムは古今東西を問わずあちこちで見られます。

歴代の中国王朝にも、通常の軍隊とは別に皇帝に直属する軍隊として禁軍（近衛軍）と呼ばれる軍隊がありましたし、徳川幕府も将軍に直接仕える武士として、旗本・御家人という身分を用意していました。戦前の日本では、天皇陛下を警護する近衛師団という部隊がありました。

今では、観光用途としての役割が大きいですが、ロンドンのバッキンガム宮殿の衛兵（赤い制服に黒の帽子）や、バチカンのスイス人衛兵なども、国王や法王に直属する軍人ということになります。

あまりよい例ではありませんが、ナチスドイツのヒトラーも、親衛隊（SS）と呼ばれる直属部隊を持っていました。

では、歴代の権力者はなぜ、このような直属軍を持つのでしょうか。

その理由をストレートに言ってしまうと、味方がもっとも信用できない存在だからです。

オスマン帝国の一般的な軍隊はトルコ人で構成されていました（シパーヒー）。しかし、彼等は江戸時代における藩主と同様、領土を皇帝から安堵《あんど》してもらう代わりに軍事力を提供するという一種の契約関係で成立している軍隊です。経済的な利権が深く関係しますから、皇帝は彼等を100%信用することができません。

このため、イエニチェリは、わざわざ異教徒であるキリスト教徒から兵士を徴用し、イスラム教に改宗させた上で、徹底的な純粋培養を行いました。

つまり、すべてのしがらみから無縁で、絶対的に忠誠を尽くす部下が欲しかったわけです。

各国の直属軍や近衛軍は、多かれ少なかれ、そのような性質を持っています。つまり味方の組織こそがもっとも警戒すべき相手なわけです。

昭和の時代の日本においても、それが現実化する出来事がありました。1936年2月、陸軍の青年将校が反乱を起こした2・26事件です。

2・26事件は、国家改造を目指した陸軍の青年将校が起こしたクーデター未遂事件ですが、当時の陸軍内部には、心情的には反乱将校に同情する人も多く、昭和天皇は対応に苦慮しました。

しかも、クーデターを起こしている青年将校たちは、昭和天皇は自分たちを支持してくれているとなぜか信じ切っていましたから、さらに状況はやっかいでした。

当時、統帥権を持つ（つまり最高指揮官である）天皇の命令なしに軍を動かすことは重罪ですから、いかなる理由があろうとも、許される行為ではありません。昭和天皇が毅然とした態度で鎮圧を命じたことから事件は解決へと向かいますが、この時、鎮圧に出動したのは、天皇を警護する近衛師団でした。

権力者にとって敵は二種類存在します。**一つは、利害の一致しない外部の国ですが、もう一つは、味方の中で自分の地位を危うくする人たちです。**場合によっては、味方に存在する敵の方が、外国の敵よりもやっかいだったりします。このため、多くの権力者が自分だけに忠誠を誓う軍隊を持ちたがるわけです。

□綱吉の改革の立役者

この傾向は、今でも変わりませんし、民間企業など国家以外の組織でもまったく同じです。

米国の大統領は、国務長官、国防長官といった閣僚とは別に、大統領に直接アドバイスを行う数多くの大統領補佐官を従えています。閣僚と大統領は時に対立することもありますから、大統領にとって本当の味方は、補佐官たちなのです。

民間企業でも、社長直轄の経営企画室や社長室が設置され、実務において大きな影響力を持っていることが少なくありません。株式会社では、日常の意思決定は取締役会で行われますが、取締役会のメンバーには、社長を追い落とそうとする人や、反対派など敵がたくさん含まれています。

また、社長が指示を出す部下たちも、実は面従腹背している可能性もあり、彼等の言葉を額面通りに受け取ることはできません。最終的に信用できるのは、こうした直属のスタッフたちということになるわけです。

このようなトップ直属の組織は、うまく活用すると、強いリーダーシップを発揮するための武器となります。トップによる大胆な決断がうまく機能している組織は、たいていこのようなトップ直属の組織というものを持っています。

組織という形にならなくても、人が同じような機能を果たすこともあります。

徳川5代将軍の綱吉は、生類憐《しょうるいあわれ》みの令や、貨幣の改鋳（今で言うところのインフレ政策）といった大胆な政策を実行しましたが、これが実現できた背景には、柳沢吉保《やなぎさわよしやす》という側用人（大統領補佐官のような立場）の影響が大きかったといわれています。

生類憐みの令は、天下の悪法と言われる一方、戦国時代の殺伐とした気風を是正した善政であるとする説が存在するなど、その評価は分かれています。インフレ政策も同様といってよいでしょう。

当時、この政策を実施するにあたっては、かなりの抵抗があったと考えられるため、各方面から寄せられる反対の声を受け止める盾となる人が必要だったことは間違いありません。それが柳沢吉保というわけです。

□トップ直属となった人の末路

こうした権力者直属の組織や人には、プラス面とマイナス面があります。オスマン帝国のイエニチェリは、当初、皇帝の意を汲む最強の軍隊として機能しましたが、やがてその組織は政治利権化し、民衆に対して横暴に振る舞うようになってきました。皇帝を助けるどころか、逆に皇帝の足を引っ張るようになってしまったわけです。

最終的にはイエニチェリの廃止が決定され、従わない兵士は討伐の対象となって消滅してしまいます。

今の民間企業でも、経営企画室のエリート社員として辣腕《らつわん》を振るっていた人が、社長が交代したことがきっかけで左遷されてしまうというケースはよくあります。

社長の代弁者として振る舞った結果、周囲の実力者の恨みを買ってしまったわけです。このケースは社長交代がきっかけですが、マキャベリスト（マキャベリの著作である『君主論』で示された権謀術数のやり方を実践する人）の社長であれば、自分に対する反感をやわらげるために、こうした人物をあえて登用するかもしれません。恨みを集めたその人物を左遷させてしまえば、自分は安泰という構図です。

これとは少し状況が異なりますが、中国共産党の毛沢東は、**文化大革命**（1966～1976）において、民衆の不満を紅衛兵を使って煽《あお》り、政敵である劉少奇《りゅうしょうき》国家主席を死に追いやることに成功しました。

しかし目的を果たした毛沢東にとって、紅衛兵は無用の長物でしかありません。毛沢東の信奉者であった紅衛兵たちは次々と弾圧されていくことになります。

政治とは常に冷酷であり、特定の指導者を熱狂的に支持する民衆は、常に見捨てられる運命にあります。

LEARNING

［君主論］

ルネサンス期の政治思想家・外交官であったマキャベリの代表的な著書。現実主義に基づいて君主のあるべき姿について論じた。これが転じて、目的のためには手段を選ばない人をマキャベリストと呼ぶようになった。

L 差別問題を解消するカギはお金にある

——米国における人種問題と隠れた宗教史

同質社会と言われた日本において、今ほど、「差別」という問題が活発に議論されている時代はないでしょう。差別には、人種、国籍、宗教、性別、年齢などさまざまな要因がありますが、社会の多様化が進む以上、異なる価値観を持つ人々の対立は、さらに激しくなってくることが予想されます。

あまり意識されていませんが、こうした対立の背後には、お金の問題が存在していることがほとんどです。しかも、対立を解消する手段もやはりお金なのです。

現代の米国は、かつてのローマ帝国のように、最強の経済力と軍事力を持った覇権国家であり、多種多様な人種が集まるグローバル社会です。異なる価値観の人間が集まることで生じる問題のほとんどは、米国に先例があります。米国で起こったことは、時間差で日本に輸入されてくることが多いですから、米国社会の動向を知っておくことは非常に重要なことといってよいでしょう。ここでは米国がどのようにして人種問題と向き合ってきたのかについて解説したいと思います。

□アイルランド系とイタリア系の悲哀

米国は移民の国ですから、数多くの人種で構成されています。米国で人種の話というと白人と黒人の関係がまず頭に浮かびますが、米国には白人と黒人の対立軸以外に、もう一つの人種問題が存在しています。それは、白人の中における人種と宗教の違いです。人種と宗教は一致していることが多いですから、米国社会、特に白人層については、人種と宗教の関係はかなりはっきりしています。

かつて米国の中核をなしていたアングロサクソン系の人たちの多くは、プロテスタントです。しかし、カトリック圏から米国に渡ってきた人は、当然、米国で生活していてもカトリックを信仰しています。中でもイタリア系とアイルランド系は人口も多いですから、米国社会の中ではかなり目立つ存在です。

しかし、カトリックとプロテスタントは同じキリスト教ですが、あまり仲がよくありません。今では人種の融合がかなり進みましたが、かつては政治や経済の要職はアングロサクソン系が多数を占めていました。このためイタリア系やアイルランド系の人達はあまりよいポストに就けず、労働者として働くか、警察官など、あまり人がやりたがらない仕事をする人が多かったのが現実です。今でも警察官は、アイルランド系やイタリア系の比率が高くなっています。

ワシントンの官僚にも、同じようにアイルランド系の人やイタリア系の人をたくさん見かけます。今ではあらゆる業界で人種を問わないオープンな採用が行われていますが、かつては、公務員の方が差別が少なく、能力のある人が登用されやすかったことがその理由と考えられます。

マフィアと呼ばれる組織犯罪集団もイタリア系の貧しい人たちが、そのルーツとなっています。かつては人種間で大きな経済格差があったのですが、マフィアの成り立ちも、人種と宗教に大きく関係しているわけです。

米国の著名俳優で、大統領選に立候補すると噂されたこともあるクリント・イーストウッド氏が、2004年に製作した「ミリオンダラー・ベイビー」という映画は、大きな驚きを持って受け止められました。その理由は、イーストウッド氏が持つイメージとはあまりにもかけ離れた内容だったからなのですが、私たち日本人から見ると、なぜ米国人がこの映画に驚くのかピンときません。しかし、米国の宗教的な背景を知っているとなんとなくうなずけるものがあります。
イーストウッド氏は「ダーティハリー」シリーズでも知られるように、典型的なタフガイ系俳優です。大型拳銃をぶっ放し、犯罪者を容赦なく撃ち殺す姿は、良くも悪くも、西部劇に出てくる正統派の米国人です。多くの人が、イーストウッド氏に対して、典型的な米国人としての姿をイメージしていたわけです。共和党系の俳優であるチャールトン・ヘストン氏は、銃規制に強硬に反対する全米ライフル協会の会長をしていましたが、同じようなイメージをイーストウッド氏に対して抱いていた人も多かったかもしれません。

ところがフタを開けてみると、イーストウッド氏は、マイノリティであるアイルランド系の血を引いており、彼等の悲哀を描いた作品を次々と世に送り出しました。一部の米国人はちょっと不意打ちをくらってしまったわけです。

人種の話はあまり表立っては語られませんが、米国社会において人種問題は今でも重要なテーマの一つであることに変わりはありません。

ちなみに暗殺されたケネディ大統領はアイルランド系ですから、カトリック信者です。歴代の米国大統領でカトリックだった人はケネディ氏だけです。ケネディ氏が暗殺された理由は今でも不明ですが、暗殺の背景について今でも米国でタブー視されている背景には、宗教と人種という微妙な問題が横たわっているからでしょう。

□奴隷制度は市場メカニズムによって崩壊した

米国の歴史は、米国の古くからの支配者層である、プロテスタントを信仰するアングロサクソン系の人たちが持つ特権を、マイノリティに属する人たちが、一つ一つ自分達のものにしていくという流れで成立しています。

こうした人種融合の原動力になっているのは、実は「お金」です。最大の人種問題であった黒人の差別問題も、最終的にこれを解決したのは市場の力なのです。

黒人奴隷を解放したのが、リンカーン大統領であることは誰もが知っていることでしょう。アフリカ系アメリカ人初の大統領であるオバマ氏が民主党であることや、公民権法がジョンソン政権で成立していることなどから、人種差別問題に積極的なのはリベラルな民主党というイメージがあります。しかし、歴史を紐解くとそうとも言い切れません。奴隷解放を実現したリンカーン大統領は共和党だからです。

黒人を奴隷として使っていたのは、主に南部の農場主であり、当時の南部は民主党員が多かったといわれています。歴史の世界では、南北戦争の終結によって、一気に奴隷が解放されたようなイメージがありますが、実際には南北戦争が始まる段階で、すでに奴隷制度は崩壊していたともいわれています。

米国では工業が急速に発達し、各地で大量の工場労働者が求められていました。以前であれば、奴隷は農場から逃げ出しても生活する手段がありませんでしたが、工業化によってその受け皿が整ってきたわけです。

高いお金を払って奴隷を買ってきた農場主にとって奴隷がいなくなってしまうことは大損害です。このため、黒人奴隷にある程度の賃金を払い、行動を自由にした方がよいと考える農場主が増え、実質的に奴隷制度が崩壊していったのです。つまり工業化による市場経済の発達によって、奴隷制度そのものが機能しなくなったと考えた方がよいでしょう。

共和党は今も昔も、資本家層を有力な支持基盤とする政党です。資本家にとって、黒人が奴隷として農場に縛り付けられているのは望ましい姿ではありません。奴隷を解放し、労働者として労働市場に参加させた方が得策なわけです。共和党の大統領であるリンカーンが奴隷解放を実現するのはある意味で当然の結果です。

ちなみに米国で男女差別が解消されたのも市場原理が大きく影響しています。女性解放運動による影響もありますが、最大の要因となったのは1980年代にレーガン政権下で進んだ規制緩和です。厳しい競争環境に放り込まれた企業は、人を選《え》り好みする余裕がなくなり、女性登用が一気に進んだのです。

近年、米国では、人種をめぐる新しい動きが出てきています。急速に増えるヒスパニック系の影響力が市場を動かしているのです。

中南米からのヒスパニック系移民が増加することで、州によっては、ヒスパニック系が多数を占めるところも出てきました。米国の映画やドラマでは、ヒスパニック系の俳優がキャスティングされるケースが多くなってきましたし、英語とスペイン語のバイリンガルになっているウェブサイトも珍しくありません。市場メカニズムの発達によって、人種の融合が後押しされるというケースが増えているのです。

時代の流れは速く、初のアフリカ系アメリカ人大統領となったオバマ大統領の後任を決める大統領選挙では、共和党の指名争いにキューバ移民2世のマルコ・ルビオ氏が立候補しました。ルビオ氏は純粋なヒスパニック系ですから、当然、カトリック教徒です(両親の影響で一度改宗したことがあるようですが)。

こうした市場メカニズムによる人種の融合は、先のローマ帝国の発展を彷彿《ほうふつ》とさせるものです。

L

マネー史観で見る日本の戦争と経済

――日英同盟と日米同盟

近代以降の日本は、基本的にアングロサクソン（具体的には英国と米国）との関係性によって、国の方向性が形作られてきました。その流れは、米国が英国から覇権国家の地位を引き継いだ現在も、基本的には変わっていません。アングロサクソンは、他国との付き合い方の基本にビジネスがあり、外交政策もその延長線上にあります。

日本は太平洋戦争の敗北という大きな失敗を経験しましたが、この原因についてもマネーという視点を持つことで、比較的容易に理解が可能です。

□日本の近代化はグローバルスタンダードと不可分

日本は資源に乏しく、貿易を経済の基礎にせざるを得ません。日本が今後、米国とどのような関係を構築していくのかは、ビジネスや投資の土台となるものです。そのヒントになるのはやはり歴史ということになるでしょう。

日本は明治維新によって、とりあえず近代化を実現しました。しかし日本は近代国家として完全に自立できるほどの立場ではなく、当時の覇権国である英国との関係性の中で自らの地位を確立していきました。

日本の輸送インフラの根幹となっている鉄道は英国から技術導入したものですし、軍艦など軍事技術の多くが英国のものです。また金本位制など金融インフラの構築も英国との協力関係で実現しています。明治時代の日本と英国の関係は、現在の米国と日本の関係より密接だったかもしれません。

日本と英国の関係は、対ロシアという部分でさらに強固になり、1902年の日英同盟につながっていきます。

日英同盟は、ロシアの膨張を背景に、日本と英国との間で結ばれた軍事同盟です。

第二次大戦後、旧ソ連の膨張に対して、日米安保条約という軍事同盟が締結され、今でもその枠組みが続いていますが、現在の日米同盟は、当時の日英同盟を今に置き換えたものと考えて差し支えありません。

日本と英国の関係は、現在の日本と米国の関係と同じく、政治や安全保障面だけでなく、金融市場や産業など、広範囲にわたっています。

日本は日清戦争で清から得た賠償金をもとに金本位制をスタートしました。教科書的にはそのような記述になるのですが、実態は異なります。英国が作成したグローバルスタンダードに準拠し、当時の基軸通貨である英ポンドを金に見立てた金ポンド本位制というのが正しい姿です。

どういうことかというと、清から獲得して金本位制の準備金としたのは、金地金ではなく、実はポンド紙幣だったからです。

清は当初、銀で日本に賠償金を支払おうとしましたが、巨額の銀を清が一気に購入すると、銀市場が混乱してしまいます。英国の金融街シティ（現在の米国のウォール街に相当）がこれを懸念したことから、清がポンド建の国債をロンドン市場で発行し、調達したポンド紙幣をそのまま日本の準備金とするというスキームが浮上してきました。

日本政府は現実的な状況を考え、このスキームを受け入れ、清が海外投資家から調達したポンドをシティで受け取り、そのままシティにある銀行に預金しました。当時のポンドは金との兌換《だかん》(とりかえ)が保証されていましたから、日本政府はこれを金とみなして、金本位制をスタートさせたのです。

現代にあてはめれば、米ドルをウォール街の投資銀行に預け、日銀はそのドル資産をベースに日本円を発行したということになります。

通貨というのは、国家の威信を背景に発行するものというイメージがありますが、当時の明治政府の指導者は、今よりもずっと合理主義的、現実主義的でした。グローバルスタンダードに準拠し、英ポンドをシティに預けた方がメリットが大きいと判断したのでしょう。

こうした関係もあり、日露戦争に必要とされた巨額の戦費(当時の国家予算の約7倍)は、英国と米国の投資銀行のアレンジによって、ほぼ全額、シティとウォール街で調達することができました。

しかも英国と米国は対ロシアで日本に協力し、ロシアの艦隊が、物資の調達ができないよう、民間会社を通じて妨害活動をするなど、あらゆる面で支援を行いました。

アジアの弱小国に過ぎなかった日本が、大国ロシアに辛くも勝利することができた

のは、英国と米国との緊密な関係があったからです。

□太平洋戦争の本当の原因は経済

この時代は、超大国であった英国が徐々に衰退し、それに代わって、米国が覇権国家としての道を歩み始めるタイミングです。

米国は英国と同様、日本をパートナーと見なしていましたから、日露戦争後の満州経営についても、日米共同で行うことを想定していました。米国は日本に満鉄の共同経営をもちかけますが、日本側は何とこれを拒否してしまいます。

米国はお金を出しただけであり、満州の権益は血を流した日本人が取るべきだというのが、主な理由と考えられます。もっとも、この協定の責任者であった小村寿太郎《こむらじゅたろう》がなぜ、強硬に反対したのかという明確な理由は分かっていません。小村は、海外事情に通じた優れた政治家であったことを考えると、この行動は今でも謎です。

また、この協定を日本側が破棄したことが、そのまま日米関係の悪化につながったというのは、多少、強引な解釈かもしれません。

しかし、歴史を後から見ると、ここで米国との協定を拒否したことが、日米の方向性にズレが出てくるきっかけとなっており、後の大戦に大きな影響を及ぼしたと考えざるを得ません。

実際、日露戦争の終結を境に、日本は自信過剰になり、アングロサクソンと対立するようになっていきます。その結果、米英との関係が悪化し、最終的には太平洋戦争に突き進んでしまいました。

太平洋戦争の終結によって、日本は再びアングロサクソンとの同盟関係を構築することになりますが、それが実現できたのは、米国が対ソ連という観点から、日本の国際社会復帰を容認し、日米安保を締結することを望んだからです。

その後、日本は70年間にわたって安定的に成長することができました。日米安保条約は、結果的に、かつての日英同盟と同じ機能を果たしたことになります。

こう考えてみると、**明治の建国以来、百年以上の時が経過しても、アジア太平洋地域をめぐる基本的な情勢はあまり変わっていない**ということが分かります。

日本は中国大陸や朝鮮半島の権益をめぐって、常にロシアや中国と利害が対立しています。ここに、英国もしくは米国という覇権国家の利害というものが絡んできているという点も同じです。

歴史的に見れば、中国大陸や朝鮮半島に対する米英の利害と、日本の利害を一致させることができれば、日本は外交をうまく舵取りすることが可能となります。米英との関係が緊密だと、グローバルな金融システムとの連携もスムーズになりますから、経済的繁栄も享受することができるという仕組みです。

一方、日本が米英との協調関係を壊してしまうと、国家の運営はうまくいかなくなります。グローバルな金融システムからも締め出されてしまいますから、経済的にも苦境に追い込まれることになります。太平洋戦争の際には、戦費の全額を日銀による国債の直接引き受けに頼らざるを得ない状況となり、最後は石油の輸入もストップされ、日本は万事休すとなりました。

太平洋戦争直前には、米英と対立するだけでなく、米英との協調路線を取り始めた中国とも対立、結果的に周囲の国、すべてを敵に回してしまいます。歴史に学ぶなら、日本は、決して、この展開にだけは追い込まれてはいけないということが理解できるでしょう。

現在、日本は米国との同盟関係が続いていますが、その関係はかつてよりも弱体化しています。一方、日本は中国と朝鮮半島（韓国）との関係も悪化させています。非常に気になるのは、利害が対立しながらも、米国と中国は交渉する間柄だという点です。

歴史的教養をベースに物事を考えるならば、米国と中国は友好国ではありませんが、ビジネスには前向きであり、条件さえ整えば双方が妥協する余地は十分にあります。日本人は、無条件に米国が日本の味方をしてくれると考える傾向が強いのですが、それは日本側の勝手なイメージに過ぎません。日中関係にばかり気を取られ、中国と米国の関係がどうなっているのかについて、関心が薄れるようなことがあってはならないでしょう。

LEARNING

［金本位制］
金を貨幣価値の基準とする制度。金本位制では、保有する金の量に応じた通貨しか発行できない。通貨の信用は担保しやすいが、金融政策を制限してしまうため、景気が不安定になるという欠点がある。現代ではほとんど採用されない。

L

中国はなぜ、湯水のようにお金を使えるのか

――冊封体制

歴史を考えた時、米国と日本の関係性が重要ということであれば、隣国である中国とはどのような形で付き合えばよいのでしょうか。この判断を行うためには、中国がどのような国で、何をしようとしているのか知る必要があります。

□中国外交の基本は冊封体制

中国の歴史は非常に長いですし、時代によっても状況は大きく異なります。ある国の歴史を一言で分析するのは少々乱暴なのですが、一方で、時代を通して共通の現象や概念というものもやはり存在しています。中国の歴史の中で、これに該当するのは、「**冊封**《さくほう》」という独特の外交政策でしょう。

中国は、中華思想という言葉にも代表されるように、自らが世界の中心であるという世界観を持っています。このため、中国に対して朝貢してきた国に対しては、その統治者が王であることを承認し、統治にお墨付きを与えるという行為が行われます。こうした宗主国と朝貢国の関係を基本とした外交政策を冊封と呼びます。

中国の冊封は、周辺国をすべて統一し、中国にしてしまうという考え方には立脚していません。たとえば、戦前に日本は朝鮮半島を支配下に置き、さらには韓国を併合して日本の一部としました。しかし中国は、あくまで、宗主国と朝貢国という関係を崩しません。朝貢さえしていれば、内政には干渉しないというスタンスであり、異なる国であるという点で、しっかり線引きします。

なぜこのようなやり方になっているのかについてはさまざまな見方がありますが、先ほどの中華思想という価値観が大きく影響していることは間違いありません。

中国人は非常にプライドが高く、そうであるが故に、中国が世界の中心という価値観を形成したと考えられます。中華思想を突き詰めて考えれば、中国人以外が、中国のように振る舞うことはできないということになりますから、周辺国を中国にしてしまうという発想は出てきません。

中国では、古代から続く中国の中心地域（黄河流域の平原）のことを中原《ちゅうげん》と呼びますが、この言葉には、外国とは異なる、文明の中心地というニュアンスがあります。中原を支配するのは中国人であり、あくまで周辺の国々は、そこに朝貢するだけの立場と考えるわけです（かなり傲慢ではありますが……）。

歴代の中国王朝は、強大な軍事力を持っていましたが、周辺の国々を次々と侵略し、領土を拡張するということはほとんどしませんでした（日本に攻めてきたのは、元寇の時だけであり、当時の王朝である元は、中国人の政権ではなく、モンゴル人の政権です）。

このようなスタンスの背景には、周辺国をすべて軍事的に制圧するコストが高すぎるという経済合理性に基づく判断もありますが、自分達は特別な存在であるというプライドも大きく影響しているのです。

その証拠に、冊封では、周辺国が献上する貢ぎ物に対して、中国側は2倍、3倍の品を返していました。上に立つものは、下のものに対して、鷹揚《おうよう》に振る舞うという発想なのだと考えられます。

現代の中国は、共産党政権ですが、民主国家ではないという点で、その本質は君主制とそれほど変わりません。毛沢東氏から習近平氏に至るまでの中国共産党の歴代指導者たちは、しばしば歴史を引き合いに出します。今でも歴史的な感覚は、中国の指導者の中で共有されていると考えるべきでしょう。そうであれば、外交政策の根底には、冊封の考え方が受け継がれていると見た方が自然です。

実際、中国の指導者が外国の要人と会う際には、冊封的な価値観を全面に押し出しています。

各国は首脳が交代すると、互いに訪問し首脳会談を行いますが、中国は、できるだけ相手国首脳が先に訪中することを求めます。

かつての中国皇帝は、決して外国を訪問することはなかったからです（立場の高い人が、低い人を呼びつけるという価値観です）。

中国首脳が、中南海（中国共産党や国務院の中枢がある北京市内の特別区域。紫禁城の西隣にある）などで外国要人と会談する際には、相手が現れても、自らは決して近づかず、相手が自分の前まで進んできてから、はじめて握手の手を差し出します。例外となっているのは、米国大統領などごく一部です。

今度、習近平氏が中国で外国要人と会う場面が放映される時には、習氏の動きをよくチェックしてみてください。

では、今でも冊封が続いていると考えた場合、中国は国際社会でどのように振る舞おうとしているのでしょうか。中国が現在進めているＡＩＩＢ（アジアインフラ投資銀行）はその一つの手段かもしれません。

LEARNING

［中南海］
紫禁城の西側に隣接しており、王朝時代には広大な池をめぐって多数の宮殿が立ち並んでいた。革命後は中国共産党の本部が置かれたことから、単に場所を意味するだけでなく、中国における権力そのものを指す言葉になっている。

□ＡＩＩＢは朝貢国へのプレゼント

ＡＩＩＢは、中国が主導権を握る形で設立されたアジア地域の開発金融機関です。当初は実際に運営できるのか疑問視する声もありましたが、英国を皮切りに欧州各国が参加を表明したことで、実現の可能性が一気に高まってきました。

アジア地域の開発支援金融機関としては、米国が中心となって設立したアジア開発銀行がありますが、ＡＩＩＢはこれと完全に競合することになります。

米国は第二次世界大戦後、圧倒的な経済力を背景に、米国主導の国際的な金融システムを作り上げました。アジア太平洋地域でその役割を担っているのがアジア開発銀行であり、その実質的な運営は日本に任されていましたから、ＡＩＩＢの設立は日本にとっても脅威となる可能性があるわけです。

国内では、ＡＩＩＢへの対抗措置を講じるべきとの声が高まっていますが、中国の歴史を考えると、少し落ち着いて考える必要があるかもしれません。

中国が今でも冊封の国なのだとすると、ＡＩＩＢは、日本や米国が運営してきたようなグローバルな国際機関ではなく、朝貢国に対して金銭的なプレゼントをする場であると解釈した方が自然かもしれません。アジア各国が中国に対して融資を申し込み、中国はこれに鷹揚《おうよう》に応えるという仕組みです。

そうなってくると、グローバルな信用基準をベースにした投融資ではなく、採算を度外視した投融資や地域開発プロジェクト支援が行われる可能性が高くなってきます。こうした前近代的国策金融機関に対して、ビジネス的に対抗するというのはあまり得策ではありません。少なくとも、グローバル基準での運営ができる体制になるのか、様子を見てから対応を決めても遅くはないでしょう。

同様に、タイやインドなどアジア地域に対する高速鉄道網の建設支援についても冷静な対応が必要です。

ＡＩＩＢの問題と並行し、国内では、中国ではなく日本がアジアの高速鉄道網を受注できるよう官民挙げて協力すべきという声が大きくなっています。

しかし、こうしたプロジェクトについても、中国がビジネスとしてではなく、冊封の一環としてこれを実行しようとしているのであれば、採算などまったく考えない可能性が高いでしょう。

一方で日本勢は、れっきとしたビジネスとしてこれを捉えており、赤字で受注することはできません。もし中国側が採算を無視するスタンスなのであれば、同じ土俵で争うのはやはり得策とはいえないことになります。

日本は中国式のやり方で対抗するのではなく、グローバル化の推進や金融市場の整備など、アングロサクソン型の手法でアジア地域に影響を及ぼす方が、メリットが大きく、かつ中国の影響力を牽制することができるはずです。

LEARNING

［中華思想］

自らを文明の中心とする、中国の漢民族が持つ基本的な考え方。中国には中華思想という言葉は存在せず、周辺異民族に対する優越性を示す華夷という言葉が一般的とされる。日本の幕末における攘夷思想はこの影響を受けている。

CULTURES OF CHAPTER

Ⅵ

■時には独裁がうまくいってしまうこともある

■特定の権力者を熱狂的に支持する民衆は常に見捨てられる運命にある

■どんな国、どんな時代でも差別問題はお金の問題である

■戦争も最後はお金の話に行き着く

■中国の経済・外交が「上から」なのは歴史的な冊封体制が理由

□おわりに

本書では、人間の思考には、形而上学的なものと形而下のものという二つの種類があると説明しました。

形而上学的な話はいわゆる抽象的な話のことで、ビジネスにあてはめれば、事業の本質とは何か、投資をする意味とは何か、といった話のことを指します。これに対して形而下の話は、どの銘柄に投資すればよいのか、何の商材が次にヒットするのかという話に相当すると思えばよいでしょう。

当然のことですが、本書の話は、多くが形而上学的な部分をカバーしています。筆者の本業は経済評論家ですが、起業した経験がありますし、投資家でもありますから、現場の重要性や実務の大切さは誰よりも理解しています。それでも本書において、抽象的な話が大事だと主張しているのは、最終的にビジネスで勝利するためには、形而上学的な知見がモノを言うと考えているからです。

形而上学的な知見は、特に新しいビジネスに直面した時にその真価を発揮します。本書でも取り上げましたが、近年、民泊やライドシェアなど、いわゆるシェアリング・エコノミーと呼ばれるビジネスが急成長しています。おそらく、新しい技術や概念を用いたビジネスはこれからもたくさん登場してくるでしょう。こうした新しい技術やサービスが登場してきた時、人がどのように行動すればよいのかについては、そう簡単に答えが出てくるものではありません。

なぜなら、新しい技術やサービスが、常に正しく立派なものとは限らないからです。この時、重要になってくるのは、その判断基準です。

形而下の判断力しかない人は、今までこんな習慣はなかった、法律の条文にそう書いてある、役所がダメだと言っている、など、形而下の理由で、その是非を判断してしまいがちです。しかし、真に革命的で新しい技術やサービスは、既存の商習慣や法体系ではカバーされていないことがほとんどです。一方で、新しく出てくる技術やサービスが反社会的である可能性は常に考えなければなりません。

この時、直面しているビジネスチャンスに対して賭けるべきなのか、手を引くべきなのかを判断するためには、どうしても形而上学的な思考が必要となります。

ビジネスの本質というものが分かっていれば、今は法体系としてはグレーとなっていても、やがては普及が進み、法体系がそれに追い付いていくものなのか、それとも存在してはいけないものなのか判断する手助けになります。

形而上学的教養があると、自身の言動の変化を理解しやすいというメリットもあるでしょう。

あるイベント会社の社長は、起業するにあたって「これまで世間で言われているようなワンマン社長にはなりたくない」と言っていました。社員のことを第一に考えるべきであり、社長室でふんぞり返るようなことはしないというわけです。そうすることで、会社の利益も増え、成長できるのだという主張です。

3年後に筆者がその社長と再会した時、彼は完璧な独裁者に変貌していました。「社員は皆アホばかりだ」「皆、怠けてばかりで、とにかく怒鳴らないと仕事をしない」とグチを言い、その2年後に会社は消滅してしまいました。どのような経営方針で経営するのかは社長の自由ですし、独裁も一つのやり方です。しかし、問題は、社長が自身のポリシーの変化を自覚していなかった点です。

哲学的に分析すれば、この社長は当初は観念論の立場に立っていたものの、3年後には唯物論者に変貌していたわけですが、本人にその自覚はありません。これは経営者として致命的です。自身の変化を自覚できない経営者や投資家は、たいていどこかのタイミングで失敗するからです。

もしこの社長に物事の本質を考えるスキルがあれば、自身の変化をより客観的に認識することができ、状況が悪化する前に事態に対処することができたかもしれません。教養は、こうした気付きを与えてくれる存在というわけです。

筆者は、時代や分野に関係なく成功するスキルを身につけるためには、教養を身につけることがもっとも早道であると確信しています。ぜひ皆さんも本当の意味での教養を身につけ、人生を成功に導いてください。

本書は、朝日新聞出版の佐藤聖一氏の尽力で出版することができました。佐藤さんの本質を突く指摘やアイデアにはいつも驚かされます。この場を借りて謝意を表したいと思います。

加谷珪一

加谷珪一（かや　けいいち）

経済評論家
仙台市生まれ。1993年東北大学工学部原子核工学科卒業後、日経BP社に記者として入社。野村證券グループの投資ファンド運用会社に転じ、企業評価や投資業務を担当。独立後は、中央省庁や政府系金融機関など対するコンサルティング業務に従事。現在は、ニューズウィークや現代ビジネスなど多くの媒体で連載を持つほか、テレビやラジオなどで解説者、コメンテーターを務める。億単位の資産を運用する個人投資家でもある。
主な著書に『日本は小国になるが絶望ではない』（KADOKAWA）、『貧乏国ニッポン』（幻冬舎新書）、『お金は「歴史」で儲けなさい』（朝日新聞出版）、『ポスト新産業革命』（CCCメディアハウス）、『戦争と経済の本質』（総合法令出版）などがある。

加谷珪一オフィシャルサイト
http://k-kaya.com/

お金《かね》は「教養《きょうよう》」で儲《もう》けなさい　朝日文庫

2021年1月30日　第1刷発行

著　者　加《か》谷《や》珪《けい》一《いち》

発行者　三宮博信
発行所　朝日新聞出版
〒104-8011　東京都中央区築地5-3-2
電話　03-5541-8832（編集）
03-5540-7793（販売）
印刷製本　大日本印刷株式会社

Published in Japan by Asahi Shimbun Publications Inc.
定価はカバーに表示してあります

ISBN978-4-02-262042-2

落丁・乱丁の場合は弊社業務部（電話 03-5540-7800）へご連絡ください。

送料弊社負担にてお取り替えいたします。

朝日文庫

加谷 珪一
お金は「歴史」で儲けなさい
日米英の金融・経済一三〇年のデータをひも解き、波高くなる世界経済で生き残るためのヒントをわかりやすく解説した画期的な一冊。

稲盛 和夫／山中 伸弥
賢く生きるより 辛抱強いバカになれ
京セラ、KDDIの創業、JAL再建などで平成の〝経営の神様〟といわれる稲盛氏とiPS細胞を開発し、ノーベル賞を受賞した山中氏の異色対談。

緒方 貞子
私の仕事
国連難民高等弁務官の10年と平和の構築
史上空前の二二〇〇万人の難民を救うため、筆者は難局にどう立ち向かったか。「自国第一主義」が世界に広がる今、必読の手記。《解説・石合 力》

菊澤 研宗
改革の不条理
日本の組織ではなぜ改悪がはびこるのか
相撲協会、希望の党など。よかれと企図された改革は、なぜ次々と失敗してしまうのか？ 四つの改革できない理由をもとに不条理の回避法を解説。

酒巻 久
リーダーにとって大切なことは、すべて課長時代に学べる
はじめて部下を持った君に贈る62の言葉
キヤノン電子を高収益企業へと成長させた酒巻社長の仕事力は「課長」時代に培われた。「自分と部下を加速度的に成長させる秘訣」とは？

安藤 俊介
実践アンガーマネジメント
「怒り」を生かす
小さなイライラは消し、大きな怒りは何かを成し遂げるエネルギーに！「怒り」との付き合い方が分かると、仕事や人間関係が劇的に変わる。

堺屋 太一

平成三十年（上）（下）

平成三〇（二〇一八）年の日本はまだ何も変わっていなかった！ 衝撃の未来像を緻密な予測で描いた〝警告と提言〟のベストセラー長編小説。

中田 亨

ヒューマンエラーを防ぐ知恵

人間が関わる全ての作業において、人的ミスが原因の事故は起こりうる。その仕組みを分析し、対策を分かりやすく紹介！

中田 亨

防げ！現場のヒューマンエラー

事故を防ぐ3つの力

大きな事故はもちろん、日常のポカミス防止にも効く「異常検知力」「異常源逆探知力」「確実実行力」の知識とコツをわかりやすく解説。

水野 学

アイデアの接着剤

ヒットとは、意外なもの同士を〝くっつける〟ことから生まれる！「くまモン」アートディレクターの仕事術を完全公開。《解説・長嶋 有》

水野 学

アウトプットのスイッチ

「くまモン」生みの親が「売れる」秘訣を公開。ヒットの決め手は最終表現《アウトプット》の質にある。今すぐ役立つクリエイティブ思考と仕事術。

小池 幸子

帝国ホテル流 おもてなしの心

客室係50年

年間に接遇する客数は一五〇〇人。その笑顔に誰もが癒される敏腕客室係が、日本人ならではのおもてなしの心と技を説く。《解説・村松友視》